오늘도
엄마 CEO는
인생 돌파 중

오늘도 엄마 CEO는 인생 돌파 중

13년 차 워킹맘이 전하는 인생 성장의 노하우

초 판 1쇄 2024년 03월 14일

지은이 윤미선
펴낸이 류종렬

펴낸곳 미다스북스
본부장 임종익
편집장 이다경
책임진행 김가영, 윤가희, 이예나, 안채원, 김요섭, 임인영, 권유정

등록 2001년 3월 21일 제2001-000040호
주소 서울시 마포구 양화로 133 서교타워 711호
전화 02) 322-7802~3
팩스 02) 6007-1845
블로그 http://blog.naver.com/midasbooks
전자주소 midasbooks@hanmail.net
페이스북 https://www.facebook.com/midasbooks425
인스타그램 https://www.instagram/midasbooks

ISBN 979-11-6910-555-2 03190

값 **17,500원**

미다스북스는 다음세대에게 필요한 지혜와 교양을 생각합니다.

오늘도
엄마 CEO는
인생 돌파 중

13년 차 워킹맘이 전하는
인생 성장의 노하우

윤미선 지음

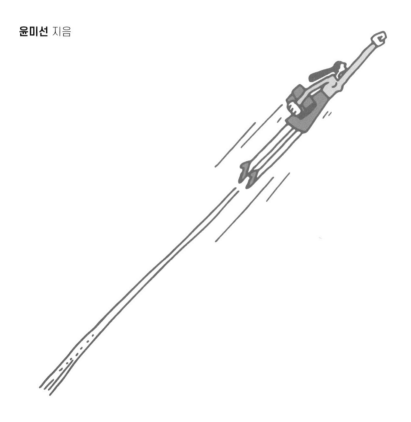

미다스북스

들어가는 글

2016년 3월, 첫째 출산하고 며칠 후 산후조리원에서 있을 때의 일이다.

매일 저녁 7시부터 9시까지 2시간 동안 아기와 방에서 함께 시간을 보냈다. 팔 한 뼘밖에 안 되는 아기를 보며 그저 신기했다. 뱃속에서 열 달 동안 품고 있다가 만난 지 며칠밖에 안 된 소중한 새 생명이었다. 품에 안을 때 어색하고 조심스러웠다.

"자꾸 혀를 내미네. 배가 고픈가?"

아직 모유가 잘 나오지 않아 젖병에 분유를 타서 아기에게 주었다. 잠시 후 꿀떡꿀떡 삼키던 아이의 입과 코에서 분유가 분수처럼 뿜어져 나왔다.

"어머! 어떡해!!!"

순간적으로 아기의 고개를 옆으로 돌렸다. 기도로 넘어가지 않게 자세를 바꿔주었다. 계속해서 분수토가 흘러나왔다. 손수건으로 대충 닦이면서 아기를 안고 산후조리사에게 달려갔다. 조리사는 아이를 건네받고 신

오늘도 엄마 CEO는 인생 돌파 중

생아실로 들어갔다. 안쪽에서 들려오는 아기 울음소리가 끊이지 않았다. 나는 아무것도 못 하고 밖에서 발을 동동거리며 기다릴 수밖에 없었다. 눈물이 뚝뚝 떨어졌다.

'잘못되면 어떡하지? 괜찮겠지? 내가 도대체 무슨 짓을 한 거야.'

응급상황에서 어쩔 줄 몰라 하며 대처도 못 하고 남에게 내 아기를 맡긴 셈이었다. 이러고도 내가 엄마인가 싶었다. 나 자신이 한심스러웠다. 입과 코를 세척하고 안정을 되찾은 아기의 모습을 본 이후에도 분수토하던 아기 얼굴과 쩔쩔매는 내 모습이 계속해서 떠올랐다. 출산 후 며칠 만에 초보 엄마 신고식을 호되게 치르면서 엄마라는 자리의 무게를 제대로 실감했다. 시간이 흘러, 나는 아들과 딸 두 아이를 둔 8년 차 엄마가 되었다.

'따르릉'

"지금 제가 제안해 드린 내용 어떠세요?"

수화기 너머 남자 직원이 재촉해 물었다.

"아…. 네, 좋은 것 같은데요. 음….'

머릿속이 복잡해지고 어떻게 대답해야 할지 몰랐다.

"바로 결정하시는 게 좋을 텐데요. 대표님 계시나요?"

"아, 대표님 지금 외근이라 안 계세요. 나중에 들어오시면 말씀드릴게요."

나는 새로운 제안이 들어올 때, 판단과 결정을 빠르게 하지 못했다. 대표인 내게 결정권이 있으니 바로 답변을 줘야 했다. 그때마다 대표가 아니라는 대답밖에 할 수가 없었다.

"알 게 뭐야."라고 말하면서도 마음은 씁쓸했다. 아직 업무가 익숙지 않은 상황에서 모든 선택에 따른 결과는 내가 책임져야 했다. 뒷감당이 무서워서 결정 하나 하는 게 매번 힘들었다. 때론 대표 직책이 부담스러운 초보 CEO였다. 어느덧 나는 화장품 회사를 운영하는 13년 차 CEO가 되었다.

엄마와 CEO, 두 마리 토끼를 잡는 건 불가능하다고 생각했다. 한 마리 토끼도 제대로 못 잡는 초보였으니 말이다. 지금 나는 두 마리 토끼 외에 부업을 하고, 책도 쓰고 있다. 갑자기 대박이 났다거나 운이 좋아서가 아니다. 어떤 날은 아이 때문에 속상해 울고, 어떤 날은 회사 일이 안 풀려 눈앞이 캄캄하기도 했다. 집에 들어가기도 싫고 사무실에 앉아 있는 것도 답답해서 홀로 떠나 버리고 싶은 날도 있었다. 하지만 매일 비만 오지는 않았다. 해도 뜨고 시원한 바람도 불었다. 아이를 키우며 엄마로서 성장했고, 회사도 조금씩 안정시켜 나갔다. 숱한 고민과 고비를 넘기고 성장통을 겪으며 왔다. 지나고 나면 별것 아닌 것 같지만 순간의 사건들은 곧 세상이 끝날 것처럼 나를 짓누르곤 했다. 그동안의 일을 글로 고스란히 적어 보니, 과거의 나를 다시 돌아볼 수 있었다. 지금까지 잘 견뎌 왔다고 격려해 주고 싶다. 포기하지 않고 치열하게 살아냈기에 지금의 내가 될 수 있었다. 평범하지만 특별했던 삶의 이야기와 나만의 극복할 수 있었던 방법을 이 책에 담았다. 답답한 현실과 새로운 도전을 앞두고 지친 분들에게 내 이야기가 조금이나마 도움이 될 수 있기를 바라는 마음이다. 우리 모두 평범한 사람이지만 힘든 순간을 극복할 수 있고 더욱 성장할 수 있다고 생각한다. 또한 각자의 행복도 충분히 누릴 수 있다.

오늘도 나는 엄마와 CEO 두 개의 역할을 해내고 있다. 모두 내가 선택한 길이다. 울퉁불퉁 걸림돌 많은 길을 단단하게 다지면서 왔다. 내 인생의 길은 아직 끝나지 않았다. 때로는 달리다가도 힘들면 잠시 멈추고, 막다른 길이 나오면 다른 길을 다시 찾아 나갈 것이다. 나만의 단단하고 멋진 길을 만들며 오늘도 나는 인생을 돌파 중이다.

3장

엄마 CEO가 배우고 성장하는 시간

4장

워킹맘 사업 확장의 핵심은 도전이다

5장

꿈꾸는 삶으로! 워킹맘, 인생 감독이 되다

1
장

**아무런 희망이 보이지 않는 순간,
워킹맘의 돌파 준비**

1. 창업 시작, 고생길이 열렸다

"윤 대리가 기획한 브랜드 가지고 독립할래?"

회사 대표님이 갑작스럽게 제안했다. 회사는 사정이 안 좋아져서 규모를 줄이고 직원을 하나둘 내보내고 있었다. 나는 끝까지 남아 자리를 지켰고 돌파구를 찾고 있던 찰나였다.

내가 입사했을 무렵, 회사는 화장품 유통 전문에서 자사 브랜드 개발로 사업을 확장하려던 시기였다. 제대로 시스템이 갖춰져 있지 않아서 나도 맨땅에 헤딩하듯 일을 해야 했다. 브랜드와 제품을 만드는 전 과정을 하나부터 열까지 모두 배우고 알아가며 일했다. 내가 직접 기획해 만든 브랜드 '베니넷'은 내 자식 같은 느낌이었다. 브랜드가 제품으로 탄생하기까지 머릿속에는 '베니넷'밖에 없었다. 제품이 하나둘 출시될 때의 기쁨은 이루 말할 수 없었다. 회사일에 파묻히는 시간이 좋았다. 제일 먼저 회사에 출근했고 밤늦게까지 일했다. 주말에도 조용한 사무실에서 혼자 일했다. 브랜드를 계속 키워나가고 싶었는데 회사 사정이 안 좋아졌다. 회사가 문을 닫으면 베니넷도 같이 사라질 위기였다. 제품에 대한 나의 애착을 잘 알고 있던 대표님은, 내가 창업하면 브랜드를 넘겨줄 수 있다고 말했다. '사업', 나와는 관계없는 말인 줄 알았다. 꿈을 꿔 본 적도 없었다. 그냥 회사 다니고 있는 지금이 좋았고 계속 그런 삶을 살고 싶다는 생각이 컸다. 하지만 상황이 변했고 나는 선택을 해야만 했다.

내 나이 28세, 대학 졸업 후 사회 경험을 얼마 하지 못했다. 아직 모르는 것 투성이인데 내 사업이라니 말도 안 됐다. 원래 꿈이었던 교사의 길로 다시 가야 하나 고민했다. 그러려면 교육대학원에 들어가야 하고 임용고시에 합격해야만 한다. 앞으로 몇 년이 걸릴지 모를 일이었다. 막연한 길로 되돌아가고 싶지는 않았다. 구인 사이트에 들어가서 다른 회사를 검색해 봤다. 가고 싶거나 갈 수 있는 적당한 회사를 찾기가 힘들었다. 회사 일을 전반적으로 두루두루 다 했다. 경리부터 기획, 개발, 마케팅, 물류까지 안 해 본 게 없었다. 하지만 뛰어나게 잘한 분야가 없어서, 이직하기 위해 내 경력을 명확하게 내세우기가 어려웠다. 그동안 해 오던 일을 계속하고 싶었고, 무엇보다 내가 만든 브랜드와 제품을 이대로 끝내기가 싫었다. 이어가고 싶다는 마음이 컸다.

"나…. 창업하면 어떨까?"

엄마에게 내 생각을 말했다.

"엄마가 너를 도와줄 수 있는 여유가 없는데 어떡하니. 사업은 힘든 길이고 자금도 많이 필요한데."

이를 잘 아는 엄마는 자신이 도와줄 수 없는데도 괜찮겠냐고 했다. 나도 부모님에게 기대거나 손 벌릴 생각은 안 했다. 어렵고 힘들겠지만 해보겠다고 말했다. 살면서 세세한 부분까지 엄마와 상의를 많이 했다. 엄마에게 기대고 의지했다. 하지만 이제 창업은 내 선택이고 그에 따른 모든 책임도 온전히 내가 감당해야 할 몫이었다. 부모님이 방어해 줄 수 있는 범위를 벗어나는 일이었다. 어쩌면 그래서 더욱 두려웠는지도 모른다.

28세 12월에 사업자를 내고 사무실을 구했다. 퇴직금을 탈탈 털었다. 최소한의 사무집기와 책상만 갖추었다. 복잡한 서류작업도 다 끝내고, 각 온라인 쇼핑몰에 제품을 등록했다. 내가 해 봤던 일이라 어렵지 않았다. 쇼핑몰 담당자도 내가 직원일 때부터 알던 사이여서 상황을 설명하고 일 처리하기가 수월했다. 업무 자체는 하던 일이라서 어려운 건 없었다. 그런데 내 마음 자체가 불편하고 무거워졌다. 자꾸 통장을 들여다봤다. 회사를 운영해 나가려니 생각보다 지출해야 할 돈이 많았다. 제품이 잘 팔려야 수익이 생길 텐데, 한 치 앞을 예상할 수가 없어서 답답했다. 당장 내일 주문이 몇 건이 들어올지 모를 일이었다. 여유 자금이 하나도 없었다. 하루 벌어 하루 먹고 사는 느낌이었다. 불안해서 회사 일 외에 다른 어떤 것도 눈에 들어오질 않았다. 자금 관리를 제대로 못 하면 회사에 문제가 생기게 되니 말이다. 이제 막 시작했는데, 설렘과 열정보다는 걱정이 더 많았다. 퇴근 후 TV를 보는 부모님 옆에 앉았다. 내가 좋아하는 프로그램이었는데, 어느새 내 시선은 TV 옆 달력으로 옮겨 갔다. 달력을 보며 머릿속은 계산기로 변했다.

'20일에 카드값이 80만 원이고, 30일에 월세가 99만 원인데 지금 통장에 얼마가 있지? 앞으로 정산금이 얼마가 입금되려나?'

창고에 재고가 줄어들고 있었다. 재발주해야 했다. 부자재와 내용물 공장은 일부 선입금을 요구했다. 원래 내 계획은 제품 판매 후 수익금을 잘 모아 두었다가 재생산할 때 쓰려고 했다. 하지만 통장에 남아 있는 돈이 없었다. 창업하기 전에 나름 계산도 하고 계획도 세워 봤다. 운영할 수 있다고 생각해서 시작한 일이었다. 내 예상과 현실은 완전히 달랐다. 줄여야 할 건 내 급여밖에 없었다. 최소한의 교통비와 식비 외에는 따로 돈을 가져가지 못했다. 시간도 돈인데 종일 회사 일만 하고 돈은 하나도 못 챙겼다. 그저 회사가 돌아갈 수 있어서 다행이었다.

명함에 'CEO 윤미선'이라고 적혀 있다. 친구 모임에서 명함을 돌렸다. 친구들은 멋지다며 축하해 주었고 잘되기를 바란다며 응원해 줬다. 하지만 내 눈에는 나보다 친구들이 더 여유 있고 즐거워 보였다. 회사에서 경력을 몇 년 쌓으니 인정도 받고 직급도 올랐다. 자기 일을 즐기며 멋지게 회사 생활을 하는 친구가 부러웠다. 그저 내 명함에 몇 글자만 바뀌었을 뿐이었다. 외모와 풍기는 이미지는 변한 게 없었다. 겉으로는 회사 대표로서 자신감 있는 척 행동했지만, 마음속은 불편했다. 떠들고 웃는 그 순간에도 머릿속은 회사 걱정이었고 잘 해내지 못하는 나 자신을 친구와 비교하며 자존감은 하락하고 있었다. 이후로 친구와의 만남을 줄여 갔다.

옆 사무실에서 종종 젊은 여직원들이 모여 하하 호호 웃으며 떠드는 소리가 들렸다. 저 사람들은 뭐가 신나서 저렇게 매일 웃을까? 부러웠다. 이 세상에 나 혼자인 기분이었다. 거울로 내 모습을 들여다봤다.

'언제까지 바보같이 축 처져 있을래. 너는 이미 남들보다 훨씬 먼저 자기 사업을 시작한 거잖아. 그러니 고생도 먼저 하는 게 당연한 거야. 남들과 비교할 필요 없어. 너의 길을 가면 되는 거야.'

목표가 클수록 삶의 변화도 커야 했다. 또한, 맞닥뜨리는 수많은 장애도 훨씬 많았다. 모든 게 새로운 경험이다. 지금 내가 힘든 건 당연했다. 이미 내 이름으로 사업을 시작했다. 되돌릴 수도, 멈출 수도 없다면 가보는 거다. 한 걸음씩 나가며 나만의 길을 만들어 보기로 했다.

2. CEO도 초보부터 시작입니다

"내가 사장이거든요!"

사무실에 찾아온 잡상인에게 짜증을 내며 말했다.

날은 덥고, 일은 안 풀리고 한숨 푹푹 내쉬던 어느 날이었다. 갑자기 누군가 불쑥 문을 열고 들어와서 화들짝 놀랐다. 다짜고짜 내게 사장님 어디 계시냐고 물었다. 신문 뭉치를 들고 있는 걸 보니 구독하라고 온 모양이었다.

"저 신문 안 봐요."

내 말이 끝나기가 무섭게 사장님 어디 있냐고 또 물었다. 신문 안 본다고 재차 말해도 여전히 사장만 찾았다. 갑자기 욱하는 마음에 내가 사장이라고 소리 높였다. 눈앞에 보이는 왜소하고 젊은 여성은 사장이 아닐 거라고 단정 짓는 태도에 화가 났다. 내 대답을 듣고 잡상인이 얼른 태도를 바꿨다.

"아, 사장님. 저희 신문 좀 구독해 주세요."

오늘도 엄마 CEO는 인생 돌파 중

180도 바뀐 태도에 속으로 흠칫 놀랐지만 단호하게 거절하고 돌려보냈다. 후회가 밀려왔다. 굳이 그렇게 화를 낼 필요가 있었을까. 단지 영업하려고 했을 뿐 나를 무시하려는 의도는 없어 보였다. 불특정 다수에게 영업하는 사람이 상대방 직급에 관심 있을 리가 없다. 도대체 나는 왜 한 번 보고 말 사람에게 사장이라는 소리를 못 들어서 화가 난 걸까. 나 자신이 사장으로서 멋진 모습이 아니라는 생각을 자주 했다. 그러면서 남들은 나를 대우해 주길 바랐다. 낯선 이에게 화풀이를 한 건 순전히 내 자격지심 때문이었다.

은행은 내게 참 어려운 곳이다. 힘들게 자금 지원 실사를 통과했고 은행에서 서류 작성만을 남겨 두고 있었다. 기업 전용 창구로 갔다. 담당은 나이가 지긋해 보이는 차장(부지점장)님이었다. 대출 업무 처리 중에 내게 보험과 적금 상품을 권유했다. 은행가기 전 이미 주위에서 조언을 들었다. 분명 은행에서는 이것저것 가입하라고 할 텐데, 하라는 대로 다 하지 말고 잘 거절하라고 말이다. 지금은 어떤지 모르겠지만, 10년 전에는 일명 '꺾기'라는 용어가 있었다. 은행에서 대출해 주는 대신 리스크를 줄이기 위해 차용인으로부터 작은 보험을 들어 놓는 셈이었다.

"사실 제가 이 자금을 바로 써야 할 곳이 많거든요. 가입할 여유가 없어요."

준비한 대로 거절했다. 담당자는 내 대답에 아랑곳하지 않고 부드러우면서도 힘 있게 말을 이어갔다. 저축과 연금 보험의 필요성을 늘어놨다. 내가 뭐라도 가입할 때까지 대화가 안 끝날 기세였다. 베테랑 앞에서 끝까지 거절을 고수하기가 어려웠다. 상품 한 개만 가입하겠다고 사정하듯 말했다. 결국, 연금 보험 하나 가입하고 은행을 나왔다. 부지점장 자리에 있기까지 얼마나 많은 고객을 상대했을까. 당시 2년밖에 안 된 초짜 사장이 당해 낼 수가 없었다. 큰 금액을 대출받는 상황 자체가 내 인생에서 처음이었다. 손에 땀이 나고 가슴이 두근거렸지만, 겉으로는 침착하게 보이려 애썼다. 은행 담당자 눈에는 긴장된 눈빛과 경직된 몸짓, 위축된 표정이 모두 보였을 것이다. 분명 원하는 만큼 대출을 받을 수 있었던 건 좋은 일이었지만 은행에서의 시간은 유쾌하지 못했다. 은행 담당자 앞에서 어리숙했던 나 자신에 실망했다.

귀를 솔깃하게 만드는 제안을 종종 받았다. 전화가 걸려 왔다.

"상위 3개 업체만 뽑아서, 지원해 드리는 사업이에요. 대표님 업체가 이번에 상위 업체에 선정되었어요."

내게 도움이 되는 건 더 귀담아듣게 된다. 원래는 포털 사이트에서 키워드 광고를 하려면 클릭당 광고비를 내야 하지만, 선정된 3개 업체는 1년간 무료라고 했다. 이런 좋은 혜택을 거절할 이유는 없었다. 바로 진행하기로 했고, 계약서 작성까지 끝냈다. 담당자가 예상치 못한 얘기를 꺼냈다. 광고비는 전혀 없지만 관리 비용을 내야 하는데 1년에 몇십만 원이

오늘도 엄마 CEO는 인생 돌파 중

라고 했다. 갑자기 돈이 들어간다는 말에 고민했다. 1년이라는 기간을 생각할 때 그리 큰 금액은 아니었다. 관리비를 결제했고 광고를 진행하게 했다. 1년간 광고 효과는 거의 없었다. 나중에 알게 된 사실은, 내 회사가 상위 업체에 선정되어 혜택을 받은 게 아니었다. 무작위로 회사에 전화를 돌려 광고를 가입시키는 방법 중 하나였다. 10년이 지난 지금까지도 비슷한 광고 전화가 계속 온다.

"대표님, 광고 전화 아니고요. 3개 업체만 선정해서 지원해 드리는 내용이에요."

어쩜 같은 내용을 10년 동안 똑같이 써먹을까.

"아니요. 저 그거 해 봤는데 안 해요. 관심 없습니다."

정중히 거절했다.

"대표님, 저희는 공식 대행사이고요. 안 하시면 손해 보는 내용이에요."

똑같은 내용에 거절하는 것도 지친다.

'내가 이미 10년 전에 다 해 봤다고! 당신이 그 회사 들어가기 전부터 당신의 전, 전, 전 선임들이 다 내게 전화했었다고!'

속으로 외칠 뿐이었다. 몇십만 원 주고 얻은 경험이었다. 수많은 광고 전화와 다양한 방법은 내가 이미 10년 이상 다 들어 봤다. 이런 거 어디서 누가 알려줄까. 오랜 기간 시간과 돈 들여가며 배웠다.

내가 한창 해외 판로를 찾으려고 열을 낼 때였다. 각종 지자체, 단체에서 운영하는 B2B(기업 간 거래) 수출 사이트에 내 제품을 등록했다. 생각보다 반응은 별로 없었다. 가볍게 찔러보는 바이어가 대부분이었다. 그러다 싱가포르 바이어로부터 메일이 왔다. 제품 중에서 '수면 팩'에 관심이 가는데 샘플을 받고 싶다고 했다. 세세한 회사소개서와 앞으로의 계획에 대한 꼼꼼한 자료도 함께 보내왔다. 홈페이지를 통해 바이어가 싱가포르 무역회사의 CEO임을 확인할 수 있었다. 수출을 꿈꾸고 있었던 나는 이 기회에 해외로 뻗어나갈 수 있을지도 모른다는 생각에 매우 들떴다. 서둘러 수면 팩 본품 10개를 EMS로 보내면서 샘플비와 운송비를 요청했다. 수출 경험이 없었다. 해외 바이어에게 샘플을 보내는 게 처음이라 순서와 과정을 잘 몰랐다. 내 제품에 관심을 주니 빨리 진행되면 좋겠다는 마음이 앞섰다. 청구한 금액을 받기도 전에 샘플부터 보냈다. 바이어로부터 잘 받았다는 연락이 왔다. 용량과 내용물 등 자신이 원하는 조건으로 수정할 수 있는지를 물어왔다. 요청한 수정이 간단한 문제는 아니었다. 제안한 완제품으로만 진행할 수 있다고 답변했다. 이후 바이어와 몇 차례 메일을 주고받다가 연락이 끊겼다. 흐지부지되었다. 요청했던 샘플비와 운송비는 전혀 받지 못했다. 먼저 샘플 비용을 받은 후에 제품을 보내는 게 순서였다. 머리로는 알면서도 마음이 조급해지니 성급한 행동을 하고 말았다.

누구를 탓하겠는가. 실수투성이 초보 사장만이 할 수 있는 일이었다.

전 직장에서 수출 업무를 배워본 적이 없다. 책으로 공부해 봤지만, 이론과 실전은 달랐다. 일어나는 모든 상황이 케이스 바이 케이스다. 직접 겪어 보고 부딪혀 봐야 알 수 있었다. 감추고 싶은 실패 경험이 많다. 어디서 돈 주고도 배울 수 없는 나만의 노하우도 생겼다. 시간이 흐르고 경험이 쌓이면서 나는 초보 사장 티를 지워가는 중이다.

3. 점심은 항상 3분 카레

창업하고 1년, 2년 흐르면서 자금 상황은 더 안 좋아졌다. 회삿돈을 끌어모아 겨우 카드값을 지불했고 거래처에 결제했다. 하루 벌어 하루 사는 느낌이었다. 회사를 유지해 나가려면 지출되는 비용을 최대한 줄여서 버텨야만 했다. 사무실에 출근해서 먹는 유일한 한 끼, 점심시간이 되었다. 버너를 꺼냈다. 냄비에 물을 넣고 끓여 햇반 두 개와 3분 카레 한 개를 데웠다. 회사 초창기부터 같이 일한 이사님과 나, 우리 둘은 각자 앞에 햇반 하나씩 놓고 3분 카레를 반으로 나눠 밥에 부었다. 집에서 가져온 김치와 함께 먹으면 꿀맛이었다. 그렇게 한 끼를 때웠다. 어떤 날은 참치 통조림과 김을 반찬 삼아 먹기도 했다. 집에서 밑반찬을 가져온 날은 그야말로 진수성찬이었다. 회사 주위에 식당이 많았지만, 1인당 몇천 원인 밥을 매일 사 먹는 게 부담이었다.

"이 밥이나 그 밥이나 똑같지 뭐. 맛있기만 하고만."

내가 움츠러들 때 옆에서 같이 맞춰주는 이사님이 고마웠다. 사무실에서 조촐하게 먹는 점심 때문에 기분이 상하거나 분위기가 안 좋지는 않았다. 그래도 지금 생각해 보면, 참 궁상맞았다. 자린고비가 따로 없었다. 밥 한 끼 먹을 때마다 통장 잔액이 떠오르고, 몇천 원에도 손이 떨렸다. 이제는 '그땐 그랬지.'라며 떠올릴 수 있는 추억 한편으로 남았다.

사무실 월세와 관리비는 고정 지출 목록 중의 하나다. 여름과 겨울만 되면 관리비 때문에 신경이 곤두섰다. 평균적으로 관리비가 20만 원이 넘었고, 에어컨이나 히터를 사용하면 당연히 금액은 더 나왔다. 관리비도 아껴야 할 만큼 통장에 돈이 넉넉하지 않았다. 6월부터 서서히 사무실 안이 더워졌다. 옆 사무실은 이미 에어컨을 틀었다. 나는 창문을 열고 선풍기를 틀었다. 한여름, 출근해서 회사 문을 여는 순간 덥고 습한 열기로 숨이 턱 막혔다. 얼른 창문들을 모조리 열었다. 그래봤자 더운 공기와 매연만 들어올 뿐이었다. 땀이 삐질삐질 났다. 오히려 사무실보다 복도가 더 시원했다. 복도에 쭉 이어진 다른 사무실들이 모두 에어컨을 틀어놔서 냉기가 문틈을 통해 복도로 나왔기 때문이다. 더운 공간에 있으려니 작은 일에도 쉽게 짜증이 났고, 일에 집중이 안 됐다.

"아이고 더워. 더워 죽겠네."

도저히 못 참을 정도가 되어서야 에어컨을 켰다. 금세 몸도 마음도 쾌적하고 기분도 좋아졌다. 의욕이 생기고 일 처리도 빨라졌다. 한두 시간 지났을까. 다시 내 손은 리모컨을 찾고 있었다. 에어컨 *끄려고* 말이다.

전기료 올라가는 소리가 들려 마음이 불안했다. 더위와의 싸움은 여름내 계속되었다.

겨울엔 외투를 여러 겹 껴입었다. 담요를 무릎에 깔았다. 털 실내화를 신어 발을 녹였다. 차와 커피를 마시면 몸이 따뜻해졌다. 1인용 전기난로도 옆에 꼭 끼고 있었다. 코가 추운 건 방법이 없었다. 입김이 나왔다. 도저히 못 참을 때는 잠시 히터를 틀었다. 냉동고 같았던 사무실이 훈훈해졌다. 경직되었던 몸이 풀렸다. 잔뜩 움츠렸던 마음에도 여유가 생겼다. 실내 온도에 따라서 일의 능률이 오르내렸다. 전기료 아끼려다 더 나은 업무 성과는 못 내고 악순환의 반복이었던 시절이었다.

나는 추위를 많이 탄다. 집에서는 조금만 추워도 보일러를 틀거나, 전기장판을 틀고 이불에 들어가 버리곤 했다. 그랬던 내가 사무실에서는 더위도 추위도 다 참아냈다. 새삼 부모님이 고마웠고 위대해 보였다. 내가 춥다고 보일러를 계속 틀어도 부모님은 뭐가 춥냐고 한마디 하면서도 보일러를 못 틀게 하진 않았다. 부모님 밑에서는 전기료, 가스비 등을 신경 썼던 적이 없었다. 내 회사를 직접 운영해 보면서 깨달았다. 무엇이든 공짜는 없고 회사든 가정이든 문제없이 살림을 꾸려 가는 게 쉽지 않았다. 세상에 당연하게 누릴 수 있는 건 없었다. 덥고 추운 고통까지 감수해 가며 내 첫 살림하는 법을 배워야만 했다.

매달 자금 계획을 세워도 문제는 발생했다. 수입보다 지출이 많을 때

      오늘도 엄마 CEO는 인생 돌파 중

해결 방법을 찾다가 머리를 쥐어뜯은 적이 한두 번이 아니었다. 학생 때부터 돈거래로 실수하거나 연체한 적은 없었다. 신용 카드는 결제할 수 있는 범위 내에서 썼다. 돈을 연체하는 건 무책임하고 무계획적인 행동이라고 생각했다. 회사 운영 후 처음으로 연체했다. 아니, 일부러 연체를 계획했다는 게 더 정확하다. 통장 잔액보다 지출해야 할 액수가 더 크면 순위를 매겨야만 했다. 지출 내용을 모두 적고 순서를 정해 결재했다. 날짜를 어기면 당장에 큰일 나는 곳이 있는가 하면, 대신 연체 이자를 물리는 곳도 있다. 카드 대금과 4대 보험은 연체한다고 당장 큰일 나지는 않았다. 대신 연체 이자를 부담했다. 카드 연체 이자는 이자율이 꽤 높았다. 상대적으로 4대 보험은 한 달 지연 시 0.1% 가산금만 붙었다. 4대 보험 등 자동 이체는 모두 해지했다. 그래서 상황이 여의찮을 때는 결재일을 조절했고 내가 가능할 때 지불했다. 하지만 적은 돈도 쌓이면 목돈이 된다. 한두 달 안에는 무조건 해결하겠다는 계획을 세우고 결재를 미뤘다. 회사를 운영하면서 늘 계획대로만 갈 수는 없었다. 예기치 않은 일도 많이 마주쳤다. 유연한 사고가 필요했다. 나는 1+1은 무조건 2여 야만 하는 융통성 제로인 사람이었다. 하지만 문제를 해결하려면 내게 10이 있을 때 10만 쓸 수 있다는 생각에서 벗어나야 했다. 결정하고 실행하는 시기가 제일 중요한 일도 있다. 내 주머니에 당장 돈이 없어도 필요한 일은 먼저 저지르기도 했다. 시작하면 안 보이던 해결책도 생겼다. 그렇게 조금씩 기회를 만들어 나갔다.

누구에게나 힘든 시기는 있다. 정답은 없다. 가장 현명한 방법을 찾아야만 한다. 부모님 밑에서 겪어보지 못했던 가난을 회사를 경영하며 경험했다. 가난을 돌파하기 위해 자린고비를 선택하기도 했고, 연체도 해봤다. 해결책 없이 먼저 저질러 보기도 했다. 모두 회사를 계속 끌고 가기 위한 최선이었다. 그러나 최고의 선택이 아니기도 했다. 시행착오를 겪으며 조금 더 나은 방법을 찾아갔다. 때로는 아쉬운 선택도 있었다. '그때 왜 그랬을까.' 하고 후회하지는 않는다. 모든 게 처음이었다. 오히려 힘든 시간이 있어서 더 치열하게 고민할 수 있었다. 여러 경험을 바탕으로 많은 걸 배웠고 조금 더 나은 방법을 선택하며 지금까지 왔다.

4. 육아와 일, 두 갈림길에서

아들 하나, 딸 하나가 있다. 아이가 크면서 교육에 관심이 생겼다. 잘 키워내고 싶었다. 워킹맘이지만 아이 교육에 소홀히 하고 싶지는 않았다. 회사와 가정이라는 두 마리 토끼를 잡기 위해 부단히도 노력했다.

나는 말이 아닌 글로 영어를 배운 세대이다. 영어 교과서를 달달 외워서 학교 시험은 만점이었지만 외국인만 보면 입도 뻥긋 못하고 얼어붙었다. 나의 실패를 아이에게 대물림하고 싶지 않았다. 내 아이는 편하게 영어로 의사소통할 수 있기를 바랐다. '엄마표 영어'를 해야겠다고 생각했다. 다들 좋다고 하는 엄마표 영어는 도대체 어떻게 하는 것일까 궁금했다. 유명하다는 영어 유튜브 강의를 죄다 찾아 들었다. 공통점을 두 가지 발견했다.

첫 번째는 엄마표 영어는 재밌어야 한다는 것, 두 번째는 꾸준히 지속해야 한다는 것이다.

구체적인 방법은 '새벽달'님의 책과 유튜브 영상을 참고했다.

첫 번째 방법으로 영어책을 읽어주었다. 잠자리 독서할 때 한글책 외에 영어책도 함께 읽어 줬다. 영어는 이해도가 떨어지기 때문에 아이가 싫어할 수가 있다고 했다. 재미를 느끼게 하는 게 내가 해야 할 일이었다. 아이가 좋아할 만한 책을 찾아 구매했고, 도서관에서 대여하기도 했다. 최대한 즐거운 분위기를 만들어서 아이가 영어책을 거부하지 않게 노력했다. 때로는 독후 활동 자료를 손수 만들어서 아이와 즐겁게 놀이 했다.

두 번째 방법으로 한국어 영상물을 끊고 영어 영상물만 보여줬다. 그동안 봐 왔던 한국어 영상을 갑자기 끊으면 아이가 영어 영상 보는 걸 거부할 수 있다는 얘기를 들었다. 처음 시도를 할 때 조심스러웠다. 찬이가 5살 끝 무렵이었다.

"찬이야, 우리 앞으로는 영어로만 TV 보기로 하자. 영어로 나오는 것 중에 재밌는 거 진짜 많아."

마침 찬이가 푹 빠졌던 〈헬로 카봇〉은 이미 여러 번 반복해 봐서 열기가 식을 때쯤이었다. 새로운 관심거리를 주기에 시기가 적당했다. 찬이의 최대 관심사였던 '공룡'을 주제로 한 영어 DVD를 들이밀었다. 다행히 찬이는 공룡이 나오는 영어 영상을 잘 봤다. 시기가 잘 맞았고 순조롭게 따라와 줬다. 영상이라면 뭐든 좋아했던 성향도 한몫했다. 가끔 주위에서 유명한 영어 전집을 비싼 돈 주고 너도나도 사는 경우를 봤다. 나도 마음이 안 흔들렸다면 거짓말이다. 그런데 찐 엄마표 영어 전문가들이 한목소리로 교재가 중요한 게 아니라고 했다. 꼭 그 비싼 교재여야만 가능한 게 아니라고 했다. 전문가의 말을 믿기로 했다. 비싼 전집에 투자하기보다는 차라리 찬이와 윤이가 좋아할 만한 그림책을 찾는 데 시간을 할애했고 낱권으로 구매했다. 그랬더니 아이들은 자기가 좋아하는 책이 생겼고 반복해 읽어달라고 했다. 지금도 아이들은 한글책이나 영어책 구분 없이 읽어 달라고 한다. 시간이 흐르고, 전문가가 하라는 대로 엄마표 영어를 실천한 지 3년이 지났다. 전문가는 아이의 아웃풋에 크게 개의치 말라고 했다. 충분한 인풋 임계치가 차오르면 아웃풋은 저절로 될 수 있다고 했다. 아직 우리 아이들에게는 드라마틱한 아웃풋 소식은 없다. 다만, 아이들은 여전히 영어 영상이 재미있다고 낄낄거리며 보고, 간단한 문장은 듣고 따라 말할 수 있으며, 몇 가지 생활영어도 알아듣는다.

"엄마랑 같이 영어책 읽을 사람?"

"저요, 저요!"

앞으로도 내 아이는 꾸준히 영어를 할 수 있을 것으로 생각한다. 지금까지 즐겁게 해 왔던 것처럼 말이다. 때로는 회사 일보다 아이에게 가는 관심이 더 기울어질 때가 있다. 아이와 충분히 시간을 가지고 싶었다. 영어책을 더 많이 읽어주고 싶었고, 체계적이고 다양한 활동을 함께 하고 싶었다. 아이 영어를 위해 해 주고 싶은 게 많았지만, 시간이 부족했다. 충분히 함께 해 주지 못해 죄책감이 들기도 했다. 영어로 아이와 놀이하는 엄마들이 부러웠다. 나도 더 채워 주고 싶었다. 조금씩 짬을 내서라도 해 줄 수 있는 현실에 만족해야 했다. 회사 운영과 아이 교육 두 갈림길에 서 있을 때가 많았다. 회사 일에 집중하자니 아이 교육이 걸렸고, 아이 교육을 더 열심히 해 주자니 회사 일이 걸렸다. 한정된 시간에서 어디에 더 신경을 써야 할지 늘 고민할 수밖에 없었다.

나는 줄곧 워커 홀릭이었다. 일이 재밌었고 계속 성장을 하고 싶은 욕심이 컸다. 아이가 생긴 후 여전히 내게 일은 중요했고, 엄마의 역할도 포기하거나 소홀히 하고 싶지 않았다. 회사와 가정 모두 다 잘 해내고 싶었다. 서서히 내가 생각하는 회사의 방향과 속도를 바꿔나갔다. 1년 365일 회사에만 모든 열정을 쏟을 수 없었다. 회사를 키워나가려면 투자를 늘려야 하고 더 많은 직원이 필요했다. 절대적 시간과 관심이 더욱 요구됐다. 회사의 성장만큼 가족의 행복도 중요했다. 일에만 빠져 있을 수는 없었다. 적당히 일하고 내 자유로운 시간을 조금 더 확보하고 싶었다. 먹고 살 만큼만 벌면 되지 않을까 생각했다. 최선을 다해 노력하되, 회사에만 몰입하고 싶지는 않았다. 회사와 가정 사이 균형을 맞추면서 함께 성공의 길로 가고 싶었다.

몇 년 전, 코로나가 터지면서 출근을 못 하고 아이와 집에 종일 함께 있는 시간이 많았다. 엄마표 영어를 하기 좋은 절호의 찬스였다. 하지만 현실은 내 기대와는 달랐다. 막상 아이와 붙어 있으니, 몸이 힘들었고 금

　　　　　　　　　오늘도 엄마 CEO는 인생 돌파 중

방 지쳤다. 많은 시간이 주어지니 언제라도 할 수 있다는 생각에 마음이 느슨해졌고 자꾸 미뤘다. 아이와 종일 집에서 시간을 함께 보내는 건 정말 어려운 일이었다. 아이에게 짜증도 더 많이 내게 되고 몸과 마음이 지쳐서 의욕이 생기지 않았다. 오히려 바쁘게 출퇴근할 때보다 내가 아이에게 해 줄 수 있는 게 적었다. 평소에는 출퇴근하고 집안일 하랴 아이들 챙기랴, 시간이 부족했기 때문에 틈새 시간이 정말 소중했다. 약간의 시간만 생겨도 그 틈을 놓치지 않고 하나라도 아이에게 더해 주려고 했다. 시간을 더 쪼개고 효율적으로 쓰려고 했다.

목마름에서 열정이 나올 수 있었나 보다.

결국 내가 워킹맘이었기에 지금까지 몇 년간 엄마표 영어를 실천하고 지속해 올 수 있었다고 생각한다. 오히려 바쁜 현실이 나만의 방법대로 두 마리 토끼를 잡아나갈 수 있게 했다.

5. 홀로서기 못한 40대 워킹맘

결혼 10년 차, 친정과 가까이 살고 있다. 신혼집도 친정과 가까운 곳이었다. 첫째 출산 후 친정 엄마가 아이를 봐주었다. 엄마는 내가 계속 일을 할 수 있게 도와주었다. 첫째인 찬이를 낳고 키우면서 겁이 많이 났다. 조금만 열이 나도 엄마에게 전화하기 일쑤였다. 아이가 밥을 잘 안 먹어도 걱정, 잠을 잘 자지 못해도 걱정이었다. 모르는 것 투성이라 엄마를 참 귀찮게도 했었다.

"나는 너보다 훨씬 어린 나이에 애 낳고 혼자서 다 키웠어. 너는 남편도 옆에서 잘 도와주는데 뭐가 그렇게 힘들다고 하니!"

엄마가 없으면 불안했다. 나보다 더 젊은 나이에, 나를 낳고 키워준 엄마가 위대해 보였다.

찬이를 낳고 100일이 채 되지 않은 어느 날 저녁, 배가 갑자기 아팠다. 하필 남편은 친구 만나러 나갔고 찬이랑 단둘이 집에 있었다. 출산 후 처음으로 라면을 먹었는데, 그것 때문에 위경련인가 싶었다. 통증은 시간

오늘도 엄마 CEO는 인생 돌파 중

이 지날수록 점점 더 심해졌다. 자고 있던 찬이가 깼다. 겨우 기어가다시피 다가가 품에 안았다. 찬이도 엄마가 이상하다는 걸 눈치 챘나 보다. 온몸에 힘을 주며 악을 쓰고 울어댔다. 나는 배가 너무 아파 일어날 수도, 움직일 수도 없었다. 둘이 서로 꼭 붙어 있으면서 온몸이 땀으로 흠뻑 젖어갔다. 장이 뒤틀리는 것 같았고 이러다 죽는 것 아닌가 생각이 들 정도였다. 약 100일 전 경험했던 출산의 고통보다 더 심했다. 남편과 엄마에게 전화했다. 남편보다 엄마가 먼저 왔다. 찬이를 안자마자 엄마가 화들짝 놀랐다. 찬이 옷이 땀으로 다 젖어 있었다고 했다. 나는 그날 응급실에 실려 갔다. 만약 근처에 친정 부모님이 없었다면 어땠을까? 지금 생각해도 아찔하다.

당시 엄마는 워킹맘인 여동생을 위해 조카도 봐주고 있었다. 출근할 때 찬이를 엄마 집에 맡겼다가 퇴근할 때 데리고 왔다. 5분 거리였지만 가끔 비나 눈이라도 오면 유모차 끌고 왔다 갔다 하는 것도 몹시 불편했다. 둘째 낳을 결심을 하면서, 좀 더 넓은 곳으로 이사 가야겠다고 생각했다. 결정한 곳은 친정 엄마가 사는 아파트 같은 동 아래층이었다. 오래된 아파트라 고민했지만, 내부 수리를 깨끗이 하고 살면 되겠다 싶어 매매하기로 했다. 아래층으로 이사 오니 아이 맡기기가 수월했다. 몸도 마음도 훨씬 편해졌다. 친정 엄마와 가까워지는 대신, 우리 부부는 재산을 불릴 기회를 포기해야만 했다. 원래는 신혼부부 특별 분양을 받으려고 했다. 하지만 편하게 아이를 맡기고, 내가 일에 더 집중할 수 있는 환경을 택했다. 나랑 비슷한 시기에 결혼했던 친구와 지인이 신혼부부 특별 분양을 받으며 재산을 불려 나가는 걸 보니 부러웠다.

"우리는 애초에 아이들 맡기는 게 최우선이었으니까. 덕분에 이렇게 편하게 잘살고 있잖아."

남편과 나는 서로를 위로했다. 포기한 것 보다 얻은 게 훨씬 크다고 생각했다.

친정 엄마는 내게 세상에서 제일 가깝고 편한 존재다. 어떨 때는 가장 불편하고 눈치 보이는 사람이 엄마이기도 하다. 엄마는 아침마다 아이들 등원을 도와주러 왔다. 어떤 날은 아이들에게 건네는 말 한마디가 없었다. 어딘가가 불편해 보였다.

"엄마, 어디 안 좋아?"

엄마는 잠을 깊이 못 잔 날에 유독 힘들어 보였다. 숙면에 좋다는 건강식품도 몇 번 사드렸지만 크게 효과는 없었다. 걱정되면서도 출근 준비 하느라 마음이 바빴다. 아침마다 애들 챙기는 것도 전쟁이었다. 엄마 기분이 안 좋아 보일 때는 더 눈치가 보였다. 분위기가 차가웠다. 표정만 봐도 엄마 기분이 어떤지 알 수 있었다. 그런데도 나는 엄마 옆에 앉아 살갑게 말 한마디 잘하지 못했다. 모른 척 출근부터 했다. 걱정되어도 내 마음에 여유가 없었다. 회사 일과 집안일, 아이들까지 생각하면 머릿속은 복잡했다. 이제는 내가 엄마를 챙겨드려야 하는데, 여전히 엄마에게 기대고만 싶은 마음이었다. 엄마도 힘들 때는 자식에게 의지하고 싶어 했다. 가깝고 편한 사이라 서로에게 기대하는 게 많았다. 그만큼 서로 채워주지 못할 때 엄마와 딸 사이, 눈에 보이지 않는 감정싸움이 생기기도 했다. 그럴 때 아이를 맡기면 눈치도 많이 보이고 신경 쓰였다. 회사 출근해서도 일이 손에 안 잡혔다. 조금 더 일찍 퇴근하는 게 내가 할 수 있는 최선이었다.

아이들은 보통 자주 아프다. 열이 나면 당연히 어린이집, 유치원을 보낼 수가 없다. 그럼, 엄마가 종일 아이를 봐줘야만 했다. 코로나가 터지면서 아이를 엄마에게 맡기는 일이 많아졌다. 엄마의 유일한 취미이자 운동인 수영을 하러 갈 수가 없었다.

"오늘 또 수영 못 가겠네."

엄마의 한두 시간 힐링마저 내가 빼앗는 것 같아서 미안했다. 하지만 내 아이가 우선인 이기적인 나였다. 하루는 아이가 열이 나서 엄마에게 좀 봐달라고 전화했다. 수화기 너머 한숨 소리가 들려왔다.

"요즘 내가 수영을 얼마나 자주 빠졌는지 아니? 자꾸 빠지면 내 자리가 없어진단 말이야. 몇 번 안 나가면 내가 제일 뒤로 가야 한다고."

수영은 엄마의 취미이자 사회생활이기도 했다. 자신의 자리를 지키려는 엄마 마음도 이해가 갔지만 순간 서운했다. 손자가 아픈데, 걱정하는 말은 없고 한숨부터 내쉬는 엄마에게 나도 마음이 상했다. 아이는 엄마에게 맡겼지만, 일하는 내내 마음이 불편했다. 내 아이 아플 때 뒷바라지를 내가 못 하고 엄마에게 떠맡기고 온 것도 마음에 걸렸다. 내 앞에서는 싫은 내색 했지만 분명 엄마는 아이에게 최선을 다하는 할머니였다. 내가 일하는 동안, 따뜻하게 안아주고 정성껏 아이를 돌보고 있을 거라는 것을 나는 알고 있었다.

하루는 퇴근하고 오니 엄마 친구가 와 계셨다. 엄마가 아이 보느라 외출을 못 해서 집에 방문하게 된 거라고 했다.

"이렇게 이쁜 아기 두고 회사 나가기 싫지 않아? 발걸음이 안 떨어지겠네."

"아니요. 아기는 이쁘지만 얼른 회사 나가고 싶어요. 온종일 둘이 붙어있는 건 정말 힘들거든요. 오히려 출근하는 게 훨씬 편해요."

엄마 친구는 내 대답을 듣고는 약간 당황했지만, 이내 공감했다. 아기 보는 게 쉬운 일이 아니었다. 차라리 출근이 편했다. 찬이와 윤이 두 번 모두 출산 후 딱 한 달만 쉬고 업무에 복귀했다. 누구는 둘째 때는 한 달만 쉬면 몸이 큰일 난다고 2~3개월은 쉬어주어야 한다고 했다. 내게는 아이와 함께 종일 집에 있는 것이 출근보다 더 힘들었다. 눈에 넣어도 안 아플 세상에서 제일 예쁜 내 새끼지만, 24시간 내내 돌보는 게 힘들고 지치고 지루했다. 세상의 모든 전업주부가 제일 존경스럽다. 온전히 내 삶을 아이에게 다 맞추며 사니까 말이다. 나는 그 일부를 친정 엄마에게 넘겼다. 남에게 부탁했다면 출근해서도 늘 마음 한편에 불안한 마음이 있었을 텐데, 내 엄마니까 마음 놓고 내 일에 집중할 수 있었다. 지금껏 내가 워킹맘 생활을 제대로 할 수 있었던 건 엄마의 공이 가장 크다. 엄마가 가까이 없거나 도와주지 않았다면 지금 나의 삶은 상상할 수도 없다. 아직도 친정 엄마에게서 홀로서기 하지 못한 나. 엄마에게 늘 감사하다.

6. 망가지는 몸, 내 인생은 왜 이럴까

나는 자연 분만으로 첫째 찬이를 낳았고 회복도 빠른 편이었다. 하지만 출산 후 100일이 채 지나지 않아 생애 처음 전신 마취 수술을 받았다. 며칠에 한 번씩 담석증이 와서 응급실을 두 번이나 갔다. 통증이 너무 심해서 담낭을 절제해야 하는 상황이었다. 나처럼 임신 중에 담낭에 담석이 생기는 경우가 가끔 있다고 했다. 두 가지 이유다. 하나는 임신 중 콜레스테롤 수치가 높아지면 담즙 양이 많아져 담석이 생길 수 있다. 두 번째는 자궁이 커지면서 담낭을 눌러 담즙이 제대로 빠지지 못해 담석이 생기는 거다. 나는 콜레스테롤 수치가 높지 않았기에 후자의 이유였던 것 같다. 그렇게 나는 쓸개 빠진 사람이 되었다. 출산과 전신 마취 수술이 겹치면서 탈모 현상이 극심했다. 한 움큼씩 머리카락이 빠지는 탓에 대머리가 될까 봐 걱정될 정도였다. 또한 소화불량이 잦았고 물만 먹어도 화장실을 들락거렸다. 기름진 음식은 꿈도 못 꿨다. 삶의 질이 바닥이었다. 초보 엄마라 아기 돌보는 게 서툴고 힘든데, 몸까지 받쳐주질 않으니 점점 지쳐갔다. 몸이 정상으로 돌아오기까지 한 달 이상이 걸렸다.

만 35세에 둘째 윤이를 가졌을 때, 임신성 당뇨 진단을 받았다. 가족 중에 당뇨 환자가 아무도 없어서 생각도 못 한 일이었다. 먹고 싶은 것을 마음껏 먹을 수 있는 임신 기간 동안 오히려 식단 조절을 해야만 했다. 태아에게 영향이 갈 수 있다고 하니 조심스러웠다. 뭐 하나 먹을 때마다 혈당이 많이 오를까 봐 걱정되었다. 혈당 걱정 때문에 오히려 스트레스가 더 컸다. 배고픈데도 먹을 수가 없다는 사실이 우울했다. 임신 초기 체중은 임신 전보다 오히려 줄었고 임신 후기에도 딱 태아가 크는 만큼만 늘었다. 보통은 출산 후 당뇨 수치가 정상으로 돌아온다고 한다. 출산 후에는 몇 달간 못 먹었던 음식을 실컷 먹어야겠다고 벼르고 있었다. 그러나 나는 운이 매우 안 좋았다. 혈당이 정상으로 돌아오지 않았다. '당뇨 전 단계' 진단을 받았다. 관리를 안 하면 당뇨로 발전할 수 있는 상태였다. 평생 혈당 관리를 하며 살아야 한다는 뜻이었다. 하늘이 원망스러웠다. 내 나이 이제 겨우 30대 중반이었다. 가족 중에 아무도 없는 당뇨가 내게 왔다는 게 억울했다. 찬이를 낳고 담낭을 떼어 냈고, 윤이를 낳고 췌장의 인슐린 조절에 문제가 생겼다.

'내 몸은 아기를 가지기에는 약하고 부족한 걸까? 남들은 자식 여럿을 낳아도 멀쩡히 잘 살던데, 나는 왜 이렇게 몸이 하나씩 망가지는 거야.'

점점 내 몸에 자신이 없어졌다.

'이러다 내가 일찍 죽을 수도 있지 않을까. 내 몸 안에 장기들도 아마 수명이 길지는 않을 거야. 우리 아이들 두고 내가 잘못되면 안 되는데 어쩌지.'

걱정이 꼬리에 꼬리를 물고 이어졌다. 친구 은이는 내게 건강염려증이라고 했다. 일어나지도 않은 일을 왜 벌써 걱정하고 있냐며, 몸에 자신을 가지라고 했다. 은이는 이미 몇 년 전 갑상선암 수술을 했다. 암 수술한 자신도 이렇게 잘살고 있는데 누가 보면 내가 더 큰 병에 걸린 줄 알겠다며 미리 걱정하지 말라고 조언해 주었다. 남편 역시 내게 걱정이 지나치다고 했다. 혹여 당뇨 진단을 받아도 약 먹고 관리 잘하면 건강하게 오래 살 수 있다고 나를 안심시켰다. 갓 태어난 작은 아기를 보니 소중하고 행복했다. 오래오래 함께하고 싶었다. 예전 같지 않은 내 몸 때문에 함께 행복하게 지낼 시간이 줄어들거나 갑자기 사라질까 봐 걱정했던 것이었다.

내가 보살펴야 할 아이가 둘이다. 나는 엄마로서 건강할 의무가 있다. 건강한 엄마가 되기 위해 운동과 식단 조절을 다시 시작하기로 했다. 출근하고 육아에 매이다 보니 운동할 틈이 없었다. 고민 끝에 사무실 한편에 워킹머신을 들였다. 점심 식사 후 30분 정도 매일 빠른 걷기 운동을 했다. 어떨 때는 회사 건물 계단을 오르기도 했고, 일하다가 벌떡 일어서서 제자리 뛰기를 2~3분이라도 했다. 참고로 2분 동안 쉬지 않고 제자리 뛰기는 엄청 숨차고 힘들다. 조금씩 짬을 내어 운동을 꾸준히 했다. 신체

중 지방이 가장 많은 허벅지를 근육으로 바꾸면 혈당이 덜 오른다는 사실을 알게 되었다. 이른 아침이나 늦은 밤에 근력운동도 병행했다. 평생 처음 홈 트레이닝을 했다. 운동하면서 내 체력이 조금씩 좋아지는 걸 느꼈다. 주말에 마트에 가서 장만 보고 들어와도 지쳐서, '우리 시켜 먹을까?'라고 말했던 나였다. 그럴 거면 왜 장을 본 걸까. 체력이 좋아지니 밖에서 신나게 놀고 들어와도 지치지 않아 좋았다. 5주년 결혼기념일에 남편과 둘이 서울 북촌 데이트를 했다. 맛있는 것도 먹고 차도 마시다가 근처 오락실에 들어갔다. 남편과 나란히 서서 학생 때 즐겨하던 펌프를 했다. 네다섯 곡을 연속으로 뛰었는데 남편이 옆에서 헉헉 숨을 내몰아 쉬며 땀을 한 바가지 흘렸다. 그에 비해 나는 전혀 힘들지도 숨이 차지도 않았다. 그때 알았다. '나 체력 좋아졌구나!'

"엄마는 샐러드 좋아하잖아."

내가 매일 샐러드만 먹으니, 엄마가 제일 좋아하는 음식은 샐러드라고 굳게 믿고 있는 아이들이다. 엄마는 라면과 떡볶이를 싫어하는 줄 안다. 혈당에 치명적이라는 탄수화물을 줄여 나갔다. 자연스레 살이 쭉쭉 빠졌다. 인생 최고의 날씬한 몸과 가장 적은 체중을 찍어 보기도 했다. 내가 임신성 당뇨에 안 걸렸다면 지금의 내 모습은 어떨까? 빵, 과자 등 군것질을 좋아해서 자주 먹으니, 옆으로 푹 퍼진 아줌마의 모습이 되었을지도 모른다. 남편이 결혼하면서 내게 딱 한 가지 요구한 게 있었다. 푹 퍼진 아줌마는 되지 말라고 했다. 내가 그 약속은 지키고 있다.

어느 날 아랫배가 기분 나쁘게 콕콕 쑤셨다. 자궁암, 자궁경부암 검사를 받았다. 다행히 문제가 없었다. 병원에 간 김에 유방암 검사도 받았다. 가족력이 있어서 유방암을 1년에 한 번씩은 검사했는데, 너무 바빠서 시기가 살짝 늦어졌다. 원래 양쪽에 조그만 물혹이 여러 개 있었지만, 그동안 문제는 없었다. 이번에도 마찬가지일 거로 생각했다. 검사 결과 삐죽삐죽한 모양의 혹이 있어서 조직검사를 해야 한다고 했다. 암 여부를 판단하기 위한 검사였다. 친정 엄마는 예전에 조직검사가 너무 아파서 소리를 지를 정도라고 했다. 세월이 흐르니 기술도 변했다. 마취해서 통증이 크지 않았다. 같이 가주겠다는 남편에게 괜찮다며 홀로 검사를 받으러 갔다. 검사실 침대에 상의를 벗고 누웠다. 서늘한 공기에 긴장이 더해지니 온몸에 닭살이 돋았다. 내 모습을 보고 간호사가 놀랐다. 긴장한 내 모습을 숨길 수가 없었다. 혼자 묵묵히 검사받은 후 차에 올라타 운전대를 잡았다. 갑자기 마취 주사가 가슴 깊이 들어오던 순간, 긴장한 채 누워 있던 내 모습이 떠올랐다.

"내 몸 왜 이 모양이야!"

나도 모르게 한마디를 내뱉으며 굳게 다잡았던 마음이 무너졌다. 몇 시간째 참았던 눈물이 이제야 터졌다. 나 자신이 한없이 약하고 불쌍하게 느껴졌다. 결과를 기다리는 일주일은 고통의 시간이었다. 나 혼자 나락

오늘도 엄마 CEO는 인생 돌파 중

으로 떨어지려 했더니, 남편이 갑자기 고열로 입원했다. 지병인 궤양성 대장염이 발병했다. 스트레스가 원인이라고 했다. 내가 힘들어 위로받으려 했더니 남편이 선수 쳤다. 한편으로는 아픈 남편을 걱정하느라 내가 좀 덜 우울했는지도 모르겠다. 조직검사 결과 다행히 암은 아니었다. 다만, 모양이 좋지 않아 떼어내는 게 좋다고 했다. 간단한 시술이라지만 내마음은 간단하지 않았다. 가슴 깊숙이 기다란 기계를 찔러 넣어 살을 헤집어 놨다. 아직 가슴 한쪽에 조그만 흉터가 남아 있다. 딱 내 마음 헤집고 남긴 마음의 흉터 같다. 만 40세에 흉터 하나가 더 추가되었다.

100세 시대에서 40세는 아직 창창한 나이다. 하지만 이미 내 몸은 여기저기 고장 났다고 신호를 보내고 있다. 이런 내 몸이 싫어 사무실에 앉아 일할 때도 나도 모르게 한숨을 푹푹 쉬곤 했다. 나보다 나이 많은 이사님이 힘들어하는 내게 말했다.

"그냥 받아들여. 지금 몸 상태 지극히 정상인 40대 몸 맞아. 내 마음이 20대라고 몸까지 20대로 바라는 건 너무 욕심이지."

내 몸에 너무 욕심을 부렸나 보다. 몸은 40대 속도에 맞게 가고 있는데 내 마음 같지 않다고 투정 부리고 있었다. 이제는 몸 여기저기 고장 나도 익숙해질 필요가 있는 나이가 되었다. 예전보다 조금 더 몸을 챙기면서 가면 된다. 지금 당장 큰일 나지 않는다. 받아들이며 가자.

7. 공황장애가 고마운 이유

두 번째 임신 중 배가 볼록 나오고 숨쉬기 힘들어지던 어느 날이었다. 배가 불편해 이리저리 뒤척이며 자던 중 갑자기 숨이 막혀오고 심장이 두근거렸다. 너무 답답해서 방문을 열고 뛰쳐나갔다. 거실에서 한숨 돌리고 다시 자려는데 또 같은 일이 벌어졌다. 몇 시간을 그렇게 누웠다 일어났다를 반복하다가 새벽 4시쯤에 겨우 잠들었다. 내가 요즘 너무 예민했나 싶었다. 다음 날도 그다음 날도 그랬다. 잠을 자고 싶은데 못 자니 괴롭고 힘들었다. 다행히 약 일주일 정도 증상이 지속되다가 괜찮아졌다.

태어나 처음 느껴본 공포감이 임신 중 짧게 스치고 지나갔다.

2년 정도 지났을까. 평범한 어느 날, 잊고 있었던 공포감이 다시 찾아왔다. 잠을 자다가 숨 막히는 답답함과 암흑 속으로 빠져들 것 같은 무서움에 방을 뛰쳐나갔다. 매일 혹은 며칠에 한 번씩 증상이 지속되었다.

인터넷을 찾아보니 이런 증상은 공황장애라고 했다. 편히 잠잘 수 있는 시간은 내게 심리적으로 가장 무서운 시간이 되었다.

'왜 그러는 거야! 회사 일도 순탄하고, 아이들도 잘 크고 있고 아무 문제 없는데, 도대체 왜 이런 증상이 생긴 거야.'

평온한 일상에 느닷없이 폭풍이 들이닥친 느낌이었다. 원인을 내 안에서 찾아보기 시작했다.

'내가 늦게 자서 그런가?'

평소보다 2시간 일찍 누워 잠을 청했다. 소용이 없었다. 공황장애 증상이 나타나는 시간만 당겨질 뿐이었다. 몸이 피곤하면 숙면을 취할 수 있겠다 싶어서 자기 전 열심히 운동했다. 금방 잠이 왔다. 하지만 중간에 다시 깨기를 반복했다. 운동하고 피곤한 상태에서 숙면까지 못 취하니 체력이 바닥이 되고 정신까지 피폐해졌다. 낮에 사무실에서 너무 졸려 의자에 기대어 낮잠을 자려고 했다. 그 순간 답답함이 엄습하여 벌떡 일어나 창문을 죄다 열어 놓기도 했다. 밤낮으로 잠을 자려고 할 때마다 공포감이 찾아와서 불안했고 우울했다.

공황장애를 고칠 수 있는 방법을 계속 알아봤다. 명상 음악을 틀어 놓고 자기도 했고, 풍수지리가 안 좋나 하는 생각에 자는 방향도 바꿔 봤지만 효과는 없었다. 유튜브에서 오은영 박사 영상을 찾아봤다. 공황장애는 뇌에서 생긴 감기 같은 거라고 했다. 약을 먹어서 치료하면 된다고 말이다. 하지만 정신과를 간다는 게 썩 내키지 않았다. 내가 정신적으로 문제가 있다는 걸 받아들이기 싫었다. 남편은 내게 그렇게 힘들어하지 말고 병원 가서 치료받으라 했다. 친정 엄마는 내가 정신력이 약해서 그런 거라며 이겨내라고 했다. 엄마도 내가 정신과 가는 걸 꺼렸다. 일반적으로 보통 사람에게 정신과는 내과, 안과, 치과처럼 편히 갈 수 있는 곳이 아니었다. 정신적으로 이상이 있다는 게, 마치 내게 주홍 글씨를 새긴 것처럼 느껴졌다. 나를 자책하는 시간이 많아졌다.

'왜 나는 이렇게 멘탈이 약할까. 나보다 힘들게 사는 사람들도 다 건강하게 잘 사는데, 나는 뭐 얼마나 대단한 일을 한다고 정신까지 이 모양이냐고!'

잠을 못 자니 삶의 질은 떨어졌고, 매일 밤이 오는 게 무서웠다. 하루하루가 우울했다. 세상의 모든 슬픈 일이 다 떠올랐다. 왜 사람들이 우울증에 걸리면 자살하는지 이해가 갔다. 그만큼 내게는 고통의 시간이었다.

공황장애를 극복하기 위한 마지막 방법은 '아침형 인간'이 되는 거였다. 나는 보통 7시쯤 일어나고 늦게 자는 올빼미형이었는데, 아침형 인간으로 생체 리듬을 완전히 바꿔 보자고 생각했다. 정신적으로도 변화가 있기를 바랐다. 나는 원래 아침 일찍 일어나는 게 정말 힘들고 싫었다. 예전에도 아침 일찍 일어나 봤지만 온종일 정신이 멍했고 졸렸다. 금방 실패했다. 아침형으로 사는 것만큼은 내가 할 수 있는 영역이 아니라고 생각했다. 하루는 밤에 아이들을 재우다가 답답함을 못 견디고 방을 뛰쳐나갔다. 엄마의 이상한 행동에 아이들이 아빠에게 묻는 소리가 들렸다.

"엄마, 왜 그래? 엄마 왜 갑자기 나가는 거야?"

오늘도 엄마 CEO는 인생 돌파 중

이대로 더는 안 되겠다고 생각했고, 아침형 인간이 되기로 결심했다. 당시 엄마표 영어로 유명한 '새벽달'님이 『아티스트 웨이』 책으로 모닝 글쓰기를 하고 있었다. 내 멘토여서 다른 건 다 따라 해도 이것만큼은 못 하겠구나! 넘겼었는데, 공황장애를 이겨내기 위해 실천해 보기로 했다. 내가 아침형 인간이 된다는 건, 공황장애만큼의 엄청난 충격이 없으면 불가능했을 매우 큰 산이었다. 매일 아침 5시에 일어나 모닝 글쓰기를 했다. 매주 책에서 제시하는 주제에 맞춰 3페이지를 적으면 되었다. 약 한 시간 정도 걸렸다. 12주간 매일 써야 했고, 나는 힘들게 시작한 김에 꼭 성공해 보리라 다짐했다. 과거의 나를 돌아보고 잊고 있었던 아픈 순간이 떠오르기도 했다. 그런 날은 울면서 글을 적었다. 아직 정리되지 않은 마음도 들여다보고 그동안 힘들게 살아온 나 자신을 토닥여 주기도 했다. 글을 쓰면서 지금 내가 공황장애를 겪는 게 아무 이유 없이 온 건 아니라는 걸 알게 되었다. 지금 당장 무슨 일이 있어서가 아니라, 그동안 겪었던 수많은 상처, 두려움, 좌절 등이 수년에 걸쳐 쌓이고 쌓여서 이제서야 정신적으로 나타나게 된 거였다. 정신건강 전문의인 허규형 작가의 『나는 왜 자꾸 내 탓을 할까』 책에서 스트레스에 처음 노출됐을 때 나타나는 즉각적인 반응 단계인 경보단계, 스트레스 자극에 대항하며 견디는 저항 단계, 스트레스에 장기간 노출되어 대항할 힘을 소진한 탈진 단계로 나눌 수 있다고 했다. 탈진 단계에 빠지면 공황장애나 우울, 불면 등의 정신질환으로 발전할 수 있다. 결국 모든 원인은 나에게 있었던 거다.

모닝 글쓰기가 힐링 과정이었지만, 여전히 공황장애 증상이 나타났다. 글을 쓰면서 해답을 찾았다.

"병원 가자."

한껏 긴장한 채 신경정신과를 찾아갔다. 생각보다 진료는 간단했다. 내가 겪는 문제를 얘기했다. 의사가 몇 차례 질문을 한 후 생각보다 일찍 진료가 끝났다. 마치 감기약 처방을 받는 느낌이었다.

'뇌가 감기 걸렸다고 생각하면 된다는 말이 맞았네.'

다행히 초기라서 약 먹고 2주 만에 증상이 사라졌고 2달 정도 먹고 약을 끊었다. 병원이 답이었다. 하지만 병원에 오기까지 혼자 극복해 보겠다고 노력한 시간이 헛되지 않았다. 덕분에 나는 아침형 인간이 되었고, 모닝 글쓰기를 시작했다. 책 뒷부분에서 다루겠지만 모닝 글쓰기를 통해서 내 인생에 엄청난 변화가 생겼다. 새로운 도전을 했고 꿈을 이루고 있다. 이런 내 삶 변화의 시작은 공황장애였다. 공황장애가 내게 인생에서의 큰 선물을 안겨다 주었다.

이제는 문제없이 잘 잔다. 딱 한 곳만 빼고. 캠핑을 자주 가는데 텐트 안에서 잘 때마다 공황장애 증상이 나타났다. 안이 어두컴컴하고 좁은 공간이 답답해서 자다가 놀라 뛰쳐나가곤 했다. 병원에 가서 의사에게 말했다.

"평소에는 멀쩡한데, 텐트 안에서는 잠을 못 자겠어요. 그런데요. 제가 캠핑을 정말 좋아하거든요. 캠핑은 계속 가야겠어요. 그러니 약 처방 좀 해 주세요."

이보다 솔직할 수 있을까? 의사가 피식 웃으며 알겠다고 했다. 연예인들만 걸리는 줄 알았던 공황장애가 내게도 왔다. 회사를 운영하며 극도의 스트레스를 몸으로 마음으로 계속 받아왔다. 내가 버티고 견딜 수 있는 한계를 넘어선 압박이었나 보다. 몸이 너무 무리하면 몸살이 오듯, 스트레스가 지나쳐 뇌도 감기에 걸렸다. 아니, 다시는 겪고 싶지 않을 극도의 공포감이었다. 그런데 나는 그것보다 몇 배 더 큰 보상을 받았다. 무서운 공황장애를 이기기 위해 아침형 인간이 되고 모닝 글쓰기를 시작했다. 그 결과 새로운 꿈을 꾸게 되었고 하나씩 이루고 있다. 그래서 너무 힘든 말이지만 내 인생을 바꿔 준 공황장애가 고맙다.

8. 누구에게도 축하 받지 못한 창업

"나 회사 그만두고 화장품으로 독립했어."

친구와 지인에게 알렸다. 다들 대단하다며 축하해 주었고, 잘 되길 바란다고 응원도 해 줬다. 처음에는 판매하는 제품을 주위에 선물로 보냈다. 내가 하나부터 열까지 신경 써서 만든 제품이다. 유명한 브랜드는 아니지만 제품력은 자부할 수 있었다. 좋은 제품 써 보라고 보내주었다. 가까운 친구들은 최소한 한 번 이상은 내 제품을 구매할 줄 알았다. 물론 최근까지도 꾸준히 제품을 구매해서 쓰는 친구와 지인이 있기는 하지만, 한 번도 내 제품을 찾지 않은 이도 여럿 있다.

"내가 피부가 예민하거든. 그래서 아무거나 못 쓰겠더라고."

이해할 수는 있었다. 우리나라 여성 대부분은 자기 피부가 민감한 편이라고 생각한다. 나도 마찬가지다. 하지만 '아무거나 못 쓴다.'라는 표현에 마음이 쓰렸다. 조그만 회사라서 제품 질이 떨어질 거로 생각하는 것 같았다. 화장품 하나를 개발할 때 자극이 되는 성분은 다 배제 시켰다.

오늘도 엄마 CEO는 인생 돌파 중

단가가 올라가도 더 좋은 성분을 요청했다. 원하는 사용감이 나올 때까지 여러 번의 수정을 거쳤다. 심혈을 거쳐 만든 제품이었다. 결국은 나에 대한 신뢰가 없다는 생각이 드니 속상했다. 사업 초반에는 매출이 적고 힘들었을 때라 작은 주문 한 건도 소중했다.

'만약 친구가 식당을 차렸다면 한 번쯤은 먹으러 오지 않나? 뭐 하나라도 더 팔아주고 싶은 게 당연한 마음 아닌가?'

불만이 꼬리에 꼬리를 물고 이어졌다. 의기소침해졌다. 자격지심에 '네가 과연 회사를 오래 끌고 갈 수 있을까?'라고 의문을 품는 눈빛이 느껴지기도 했다. 그때마다 속으로 결심했다.

'두고 봐. 내가 어떤 일이 있더라도 무너지지 않을 거야. 오래오래 해나갈 거야.'

가까운 친구에게도 힘들고 어려운 일을 속 터놓고 말하지 못했다. 겉으로는 하하 호호 웃으며 떠들었지만, 마음은 항상 외로웠다. 기댈 곳 없이 외로운 싸움을 혼자 해 나가야만 했다. 오히려 생각지 못한 지인들이 마음에 든다며 몇 년째 화장품을 구매해 주고 있다. 그저 고마운 마음이었다.

온라인 쇼핑몰에서 제품을 판매했기 때문에 고객들의 후기를 인터넷에서 확인해 볼 수 있었다. 다행히 내 제품은 평이 좋았다. 환불이나 클레임이 한 달에 한 번 있을까 말까였다. 고객 후기를 보면 칭찬하는 글이 많았다.

"피부가 너무 좋아졌어요."

"촉촉해요. 친구가 피부 좋아졌다고 뭐 썼냐고 물어봐요."

"평생 판매해 주세요."

어떤 고객님은 직접 전화까지 했다. 택배를 잘 받았고, 제품도 정말 좋다며 계속 판매해 줘야 한다면서 감사 인사를 직접 전해 주었다.

'이거구나! 내가 굳이 주위에 부탁하고 상처받으면서 내 제품을 사달라고 얘기할 필요가 없구나.'

제품 하나에 겨우 1~2만 원 정도였다. 친구나 지인이 한두 개 사준다고 내 사업에 큰 도움이 되는 금액은 아니었다. 오히려 일면식도 없는 다수의 고객 덕분에 매출이 늘었다. 게다가 내게 감사 표현도 하고 응원도 해 주었다. 내 제품이 필요한 사람은 따로 있었다. 더 많은 고객에게 제품을 알리고, 그들이 만족할 수 있도록 업무에 집중했다. 매출이 조금씩 늘었고 재구매율도 높아졌다. 주위로부터 상처받은 마음은 다른 곳에서 힘을 얻으며 조금씩 아물어갔다.

결혼하기 전까지 부모님과 함께 살았다. 28세 12월에 사업자를 냈다. 부모님 특히 아버지에게는 축하받지 못했다. 아버지는 내가 어렸을 때 신동이라고 생각했다고 늘 말씀하셨다. 첫째인 나에 대한 기대가 컸다. 아버지는 가정 형편이 어려워 고등학교를 미처 졸업하지 못하고, 대구에서 서울로 홀로 올라와 자수성가했다. 자식들은 본인처럼 고생 안 하고 멋지게 살았으면 하는 게 부모 마음이다. 아버지는 내가 큰 회사에 취직하거나, 공무원이 되기를 바랐다. 하지만 내가 작은 규모의 회사에 다니다가 창업하겠다고 하니, 크게 실망하셨다. 두둑한 자본금 없이 고생길로 들어간다고 생각했다. 결국 나는 응원 한마디 듣지 못했다. 반면에 여동생은 중소기업을 거쳐 대기업에 입사했다. 부모님의 어깨에 뽕이 제대로 들어갔다. 부모님에게는 자식 농사 잘 지었다는 말이 세상에서 제일 듣기 좋은 말이다. 여동생은 부모님에게 효도한 것이나 마찬가지였다. 이후 아버지가 동생과 나를 보는 눈빛이 다름을 느꼈다. 이미 부녀지간에 서먹한 사이가 되어 가고 있었다. 퇴근하고 저녁에 들어가면 대부분 시간을 내 방에서 보냈다. 서로 얼굴 맞대고 식사하는 것도 불편했다. 눈 제대로 마주치며 대화하는 일이 거의 없었다. 엄마로부터 아버지가 나에 대한 불만과 걱정을 엄마에게 자주 얘기한다는 말을 들었다. 나를 이해 못 하는 아버지에 대한 서운함만 커질 뿐이었다. 그러던 어느 날, 기어코 일이 터졌다. 저녁도 못 먹고 야근하고 집에 와서 냉장고부터 열었다. 마침 유부초밥 재료가 있어서 만들어 먹었다. 그 모습을 지켜보던 아버지가 갑자기 호통을 치셨다.

"너는 아버지가 식사하셨는지 물어보지도 않고 혼자 먹니?"

9시가 다 되어 가는 시간이라 당연히 식사하셨을 거로 생각했고 물어볼 생각도 안 했다. 시간이 늦어서 드신 줄 알았다고 좋게 얘기하면 될 일이었다. 하지만 아버지의 화내는 말투와 큰소리에 나도 마음이 상했다. 퉁명스럽게 맞받아쳤다. 서로 감정 상하는 큰 소리가 오갔다. 사실 밥을 먹고 안 먹고가 중요한 게 아니었다. 아버지로서는 퇴근하고 들어온 딸에게 말 한마디 붙여 본다는 게 의도치 않게 내 감정을 건드리고 말았다. 나는 그걸 받아들일 수 있을 만큼의 여유가 없었다. 각자 마음 깊이 쌓여 있던 부분이 매우 사소한 부분에서 폭발했다. 결국 차 열쇠를 들고 집을 나왔다. 열심히 노력하면서 고생하고 있는데, 그런 나를 다독여 주지는 못하고 화만 내는 아버지 모습이 매우 속상했다. 엉엉 울며 목적지 없이 어두운 밤길을 운전했다. 집으로 들어가고 싶지 않았다. 하지만 갈 곳이 없었다. 밤은 깊었고 지갑도 안 들고 나와서, 어쩔 수 없이 자존심 누르고 집에 들어갔다. 다음 날 출근하자마자 인터넷으로 오피스텔을 알아봤다. 마음 편하게 혼자 살고 싶었다. 보증금과 월세 계산을 하니 답이 안 나왔다. 목돈도 없었고, 겨우 마련한다고 해도 현재보다 더 많은 지출이 필요했다. 현실적으로 볼 때 부모님 집에서 독립해 나온다는 건 정말 바보 같은 행동이었다. 눈물을 머금고 결심했다.

'조금만 더 참자. 5년 후에는 꼭 독립할 거야. 어디 두고 보라지. 내가 얼마나 잘나가는 딸이 될지.'

외롭고 비참한 순간을 지나왔다. 가장 힘들었고 혼자서 견뎌내기에는 참 어리기만 했던 그때, 가족이 조금만 더 나를 다독여 줬으면 좋았을 거라는 생각이 든다. 가족으로부터 받은 상처는 쉽게 아물지 않았다. 기댈 곳이 없어서 실패가 더 두려웠다. 아무리 힘들어도 차마 포기할 수 없어서 앞만 보며 달렸다. 창업 후 4년 만에 결혼하면서 부모님으로부터 독립했다.

아버지는 70을 바라보는 나이가 되었다. 그동안 회사는 안정을 찾았다. 이제는 부모님께 맛있는 밥도 사드리고 멋진 옷도 사드릴 수 있다. 어버이날에는 돈다발 이벤트도 해 드렸다. 아버지 눈에 위태위태해 보이던 나는 10년 넘게 내 일을 하고 있고 부족하지 않은 삶을 살고 있다. 아버지는 여전히 일하고 계신다. 그리고 보니 한결같이 성실하게 일해 온 아버지를 내가 닮았나 보다. 나는 그저 꾸준하게 할 일을 해 왔다. 어쩌면 그때 내가 가족에게조차 기댈 수 없어서 악으로 깡으로 눈물로 버티며 단단해진 걸지도 모른다. 포기만 안 하면 실패하지 않는다. 앞으로도 묵묵히 꾸준히 계속해 나갈 거다.

워킹맘 돌파 준비 1단계!

: 아무런 희망이 보이지 않는 순간을 버텨라

1. 먼저 실패해 봐야 먼저 목표에 도달할 수 있다.

2. 틈새 시간을 활용하면 육아와 일 두 마리 토끼를 잡을 수 있다.

3. 포기만 안 하면 실패는 없다.

4. 정답은 없다. 많이 경험해 봐야 더 나은 선택을 할 줄 알게 된다.

5. 실패 경험은 나만의 노하우가 된다.

나는 돌파를 시작하는 _____ 이다/다.

1. 나는 _____을 돌파한다.

2. 나는 _____을 돌파한다.

3. 나는 _____을 돌파한다.

**엄마 CEO는
위기를 이렇게 극복한다**

1. 살 떨리는 대출

창업 자금으로 지원받은 돈이 바닥났다. 기존 제품을 재정비하고 신규라인을 늘리려면 자금이 더 필요했다. 몇 날 며칠을 고민하다가 자금을신청하기로 했다. 경기신용보증재단을 다시 찾았다. 단칼에 거절당했다.이미 내가 받은 자금 이외에 추가 지원은 더 이상 안 된다고 했다. 업력과 매출이 기준에 부합하지 않았다. 처음에는 관련 서류 몇 가지만 제출하면 되어서 손쉽게 받을 수 있었다. 그러나 두 번째부터는 쉽지 않았다.이렇게 포기할 수는 없었다. 다른 기관을 알아보았다.

"'기술보증기금'은 기술보증기금법에 의해 설립된 정부 출연기관으로서 기술 혁신형 기업에 기술보증 및 기술평가를 중점 지원하여 기업의기술경쟁력을 제고하고 나아가 우리 경제의 지속적인 성장 동력 창출의일익을 담당하고 있는 기술 금융 전문 지원기관입니다. (기술보증기금홈페이지 참조)"

기술보증기금은 회사의 기술을 바탕으로 자금을 신청할 수 있는 곳이다. 설명만 들어도 어렵고 긴장되었지만 내 브랜드와 제품의 기술력으로 기술보증기금의 문을 두드려 보기로 했다. 먼저 사업계획서를 준비했다. 워낙 벽이 높은 곳이라서 자료가 철저해야만 했다. 현재까지의 회사 상황, 앞으로 세부 계획, 목표 등을 구체적으로 정리했다. 타당하면서 멋진 비전을 보여줄 수 있는 내용으로 채웠다. 사업계획서를 작성하면서 내가 세운 계획대로만 가면 좋겠다는 생각이 들었다. 단지 기보(기술보증기금)에 제출하기 위해 작성하기 시작했지만, 계획을 짜면서 더 구체적으로 앞으로의 회사 방향을 정리해 볼 수 있어 좋았다. 준비는 끝났다. 내 몸만 움직이면 된다.

'기보에 언제 갈까? 내일 갈까? 아니야 다음 주에 갈까?'

하루가 급하다. 어서 전쟁터로 나가자는 마음과 하루라도 더 미루고 싶은 마음이 오가니 불안하기만 했다. 요즘에는 자금 신청이 인터넷 접수로도 가능하지만, 직접 얼굴 보고 부딪히는 게 가장 효과적이라고 생각했다. 약속도 잡지 않은 채 막무가내로 찾아가는 게 내 계획이었다. 사업계획서 들이밀고 담당자가 내게 자금을 지원해 주고 싶은 마음이 들게 하는 게 목표였다. 많은 경험이 있는 지인으로부터 조언을 들으며 간접 경험을 했다. 상담할 때 말이 꼬이거나 멈추면 그대로 끝나버릴 가능성이 컸다. 수많은 회사 대표를 만나본 기보 담당자는 회사 비전과 대표자 마인드를 손쉽게 판단할 수 있다. 상담 과정에서 담당자를 설득하지 못

하면 빈손으로 돌아와야 했다. 상담에 모든 것을 걸어야 했다. 엄청난 압박감과 부담감이 몰려왔다. 내가 어떻게 하느냐에 따라 결과가 달라지고 회사의 운명이 바뀔 수 있었다. 종일 스스로 최면을 걸었다.

'잘할 수 있다. 해야만 한다. 안되더라도 해 보자.'

30대 초반 아담한 키와 작은 이목구비에 긴 머리, 때로는 학생 같다는 말도 들었다. 내 외모가 첫인상에서 큰 점수를 받을 것 같지는 않았다. 긴 머리를 모두 쓸어 올려 깔끔하게 묶었다. 이마를 훤히 보여 시원하고 자신감 넘치는 모습으로 보일 수 있게 만들었다. 거울을 보고 표정 연습을 했다. 우울해 보이지 않고, 가벼워 보이지 않으면서도 밝고 열정적인 모습으로 보일 방법을 고민했다. 표정과 행동 하나하나를 이미지 트레이닝했다. 사업 설명과 예상 질문에 대한 시뮬레이션도 여러 번 연습했다.

기술보증기금은 건물 3층에 있었다. 사무실 들어가기 전 옷매무시를 가다듬고 심호흡했다. '할 수 있다!'라고 속으로 외치며 문을 열고 들어갔다. 은행처럼 한쪽에 기다란 상담 창구가 있었다. 3~4명 정도 나이 지긋한 남성 직원이 데스크 바로 앞에 앉아 있었고 그 뒤로 많은 직원이 앉아 업무를 보고 있었다. 심장이 두근두근, 머릿속에서는 지진이 일어나기 시작했다.

'어디로 가지, 어디에 앉지?'

상담하러 왔다고 얘기하니 맨 안쪽 자리로 안내했다. '안○○ 팀장님' 명패가 있었다. 50대 정도로 보이는 팀장님에게 인사하고 명함부터 건넸다. 간단히 내 소개를 마치고 준비해 온 사업설명서를 전달하며 목표와 계획을 설명했다. 생각보다 팀장님은 친절했고 내 말을 귀담아들었다. 너무 긴장되어 버벅거리기도 했지만 준비한 말은 대부분 다 했다. 다행히 다음 절차 안내를 받았다. 추가 서류를 더 준비하고, 문제없이 접수가 잘 되면 실사를 받게 될 거라고 했다. 야호! 1단계 관문을 통과했다.

이제 마지막 관문이 남았다. 실무 담당자가 실사를 나온다. 실사 과정에서 송곳 같은 질문, 예상치 못한 질문이 쏟아져 나오기 때문에 잘 준비해야 했다. 우선 재무제표 보는 법부터 공부했다. 무료 강의를 찾아서 듣고 나보다 재무제표에 대해 잘 아는 이사님에게도 물어보며 익혔다. 회사 매출과 수익 등 전체 자금 흐름을 정확히 파악해 놓았다. 앞으로 어떻게 운영할 것인지를 묻는 예상 질문에 대응할 수 있도록 준비했다. 대표로서 회사를 안정적으로 잘 끌고 갈 수 있는 모습을 보여줘야 했다. 실사 당일, 남자 과장님 한 분이 오셨다. 필요한 자료는 옆에 쌓아두고 만반의 준비를 했다. 어떤 질문이 쏟아질지 조마조마했다. 무표정한 과장님은 질문을 시작했고, 내 대답을 귀담아들었다. 때로는 말이 채 끝나지도 않았는데 다음 질문으로 돌렸다. 끊임없이 이어지는 질문에 정신이 하나도 없었다. 멘탈이 탈탈 털렸다. 횡설수설 동문서답도 했다. 뭐든 생각나는 대로 대답했다. 무응답이 침묵보다는 낫다고 생각했다.

'실사가 통과되었을까? 떨어졌나? 떨어졌으면 어떡하지?'

결과가 나오기까지 며칠간 좌불안석이었다. 약 1주일 후 연락이 왔다.

오늘도 엄마 CEO는 인생 돌파 중

내가 신청한 자금 1억이 100% 진행될 거라고 했다. 전체 금액 중 90%는 기보가 보증하는 조건으로 은행에서 대출이 되었다. 담보 없이 내 신용으로만 1억을 끌어왔다.

"원래 이렇게 큰 금액을 처음부터 안 해주는데….."

담당자가 중얼거렸다. 어리고 여리여리하게 보이는 여성이 큰 금액 대출을 진행 시켰으니 놀랄 만도 했다. 당시 기보 팀장님은 내가 설명한 비전이 눈에 보였던 걸까? 자식뻘 되는 어린 여성이 사업하겠다고 열정을 쏟아내니 지원해 주고 싶은 마음이 들었나 보다. 살면서 한 번도 만져 보지 못한 금액이 통장에 찍히니 기쁜 마음도 잠시, 손이 덜덜 떨렸다. 직장인으로만 살았다면 절대 경험해 보지 못할 일이었다. 내가 어디서 배워본 적도 없는 일을 막무가내로 성공시켰다. 내가 움직이지 않았으면 절대 알아서 굴러들어 올 자금이 아니었다. 대학교 면접보다 훨씬 떨렸던 도전이었고, 결국 이루어냈다.

길은 다 열려 있다. 앞으로 나가려면 가보지 않은 길도 가야 한다. 때로는 막다른 길이 나올 수도 있고 장애물이 가득할 수도 있다. 가만히 쳐다보기만 하면 오히려 더 겁날 뿐이다. 시행착오를 두려워하지 않고 움직이면 길은 보였다. 조금은 부족해도 결국은 더 필요로 하는 사람의 몫이다. 나는 정말 그 자금이 필요했다. 그리고 얻었다. 그 귀한 자금을 제대로 사용하는 게 내 몫이었다. 기존 제품을 리뉴얼 했고, 여러 개의 신제품을 빠르게 개발했다. 조금 더 회사답게 구색을 갖추고 필요한 일들을 해 나갔다. 제품 라인을 계속 확장해 나갔다. 계획했던 홍보와 광고도 진행했다. 사회인으로서, 회사의 대표로서 진행했던 살 떨리는 대출 덕분에 회사는 다양한 기회를 만들어 가면서 앞으로 나아갈 수 있었다.

2. The Last가 The Best로!

"Benenet"

내 화장품 브랜드이다. 나는 직접 제품을 기획하고 공장에 OEM 발주하여 생산한다. 제품 판매에 대한 모든 일을 한다. 온라인 페이지를 제작하고 택배 발송까지 직접 하고 있다. 제품을 대량 생산 후 판매를 많이 해야 회사 매출이 오르지만, 판매가 적으면 재고만 쌓이게 된다.

회사를 운영하면서 점점 필요한 고정비가 늘었다. 매출이 올라가도 수익을 내기에는 턱없이 부족했다. 매달 마이너스가 누적되고 있었다. 인기가 사그라지는 제품이 생겼고, 출시한 몇 가지 신제품이 연이어 반응이 좋지 않았다.

'왜 반응이 없지? 뭘 잘 못 한 거지? 내 판단이 틀렸나?'

신제품 개발에 자신이 없어졌다. 확신이 안 생기니 일을 추진하기가 어려웠다.

첫 임신을 하고 입덧 때문에 힘들던 어느 날이었다.

TV 홈쇼핑에서 '코코넛 오일'을 판매하고 있었다. 오일 풀링으로도 좋고, 음식 만들 때도 다양하게 활용할 수 있어서 소비자에게 인기가 많았다.

'코코넛 오일? 뭐지. 저거 피부에 발라도 되나. 피부에 효과가 있을까?'

한때 화장품과 연애한다고 떠들고 다니던 나였다. 뭐든 좋다는 건 화장품으로 연결 지었다. 코코넛 오일에 대해 자세히 알아봤다. 식용뿐 아니라 피부 미용에도 좋아 이미 다른 나라에서는 화장품 용도로 많이 사용하고 있었다. 매력적이었다.

'화장품으로 개발할 수 있으려나?'

시장 조사를 했다. 신제품 개발할 여력은 없었으나, 조사하는 데는 돈이 들지 않으니 부담 없이 알아봤다. 식품은 많아도 화장품 용도로 개발된 제품은 거의 없었다. 내가 생각하기에 화장품으로서의 코코넛 오일은 레드 오션은 아니었다. 제품 개발과 판매가 실질적으로 가능한지 따져 봐야 했다. 원료 수급이 가능한지, 알맞은 부자재가 있는지, 생산할 수 있는 공장이 있는지 모두 하나씩 알아봤다. 사실 당시 신제품 개발을 하기에 자금 사정이 좋지 않았고, 여러 차례 실패를 경험하며 자신감이 떨어진 상태였다. 우선 조사만 해 보고 개발 여부는 나중에 판단하기로 했다.

일반적으로 화장품에는 정제된 코코넛 오일을 사용했다. 가열, 표백, 탈취 등의 화학작용을 통해 제품을 안정화해서 피부에 자극을 줄 만한 요소를 없앤 원료이다. 그러나 나는 식용으로 사용하는 비정제 즉 엑스

오늘도 엄마 CEO는 인생 돌파 중

트라 버진 등급의 코코넛 오일을 원했다. 단가가 훨씬 비쌌고, 공장에서 비정제 오일은 잘 쓰지 않았다. 내가 직접 구해서 OEM 공장에 전달해 줘야 생산할 수 있었다. 지금까지는 공장에 있는 원료를 사용하기만 했고, 내가 따로 원료를 알아보거나 구한 적은 없었다. 일이 더 복잡했고 어려웠다. 원료는 구매 단위가 커서 부담되었다. 어디서 구해야 할지 막막했고, 구한다고 해도 그 원료를 화장품 공장에서 취급해 줄지도 의문이었다. 모든 게 장애물 같았다. 하지만 코코넛 오일이 매력적이었고 할 수 있는 데까지 해 보고 싶었다. 겨우 원료 회사를 찾아냈다. 원료를 구할 방법을 찾고 나니 '이 제품을 만들어도 되지 않을까?' 하는 생각이 조금씩 들었다. 코코넛 오일을 담을 용기를 알아봤다. 처음에는 식품과 비슷한 유리 용기를 생각했다. 패키지 전문 디자이너가 유리 대신 플라스틱 용기에 담아 식품과 차별화를 주는 게 좋겠다고 조언했다. 나중에 알게 되었지만, 플라스틱 용기 선택이 신의 한 수였다. 용기 회사에서 요구하는 최소 발주량을 맞추기에는 재정이 빡빡했다. 소량 구매가 가능한 방산 시장에 갔다. 방산 시장에는 기성품의 용기들이 많이 있고 원하는 수량만큼 구매할 수 있었다. 내가 염두에 둔 제품이 있어서 알아보러 갔는데 문제가 생겼다. 구매하려고 했던 건 PS(Polystyrene) 재질이었는데 PS에 오일을 담으면 용기가 깨진다는 사실을 그제야 알게 되었다.

 '말도 안 돼. 역시 안 되는 건가. 코코넛 오일이 식품만 있고 화장품으로 출시 안 된 이유가 있었네. 아니면 왜 다들 출시를 안 했겠어!'

포기하라는 사인 같았다. 하지만 자꾸 미련이 남았다. PS 대신 PP(Polypropylene)나 PET(Polyethylene terephthalate)로 사용해야 한다는 걸 알게 되었고, 다시 관련 업체를 알아보기로 했다. 이사님이 용기 공장을 수소문한 끝에, 적은 양도 발주가 가능한 PET 업체를 찾을 수 있었다. 몇만 개 대량 생산하는 공장인데 마침 1,000개 정도 재고가 남아 있어서 그만큼만 가져가도 좋다고 했다. 운이 좋았다. 물론 다음부터는 일정량 이상 발주를 해야 했지만, 처음에 부담 없이 시도할 수 있었던 현실이 감사했다. 행동할수록 0에서 시작했던 생각이 점점 10에 가까워져 갔다. 희망이 생겼다. 마지막으로 코코넛 오일을 안전하게 담아주는 공장만 찾으면 되었다. 당시 단골로 거래하고 있던 공장에 요청했다. 생각지도 못하게 그 공장이 거절했다. 비정제 코코넛 오일은 25도 전후로 고체와 액체로 변하는 특징이 있다. 겨울에는 코코넛 오일이 고체 상태여서 각 용기에 충진하려면 녹여야만 했다. 녹인 오일을 담은 후 다시 굳혀야 했는데 공장에서는 작업이 너무 복잡해서 할 수가 없다고 했다. 또다시 갈림길에 섰다.

'진짜 하지 말라는 건가. 뭐 수월하게 되는 게 없네.'

원료와 부자재까지 모두 알아났는데 마지막에 제동이 걸렸다. 가능한 공장이 없을까 봐 걱정되었다. 마지막 희망을 품고 거래하던 다른 OEM 공장에 요청했다. 다행히 해 주겠다는 답을 들었다.

'여기로 길이 나 있었네!'

오늘도 엄마 CEO는 인생 돌파 중

이 문을 두드려서 안 열리면 다른 문을 두드리면 되었다. 모든 문이 굳게 잠겨 있지는 않았다. 이제 모든 준비는 끝났다.

'가? 말아? 진짜 마지막으로 해 보는 거야.'

안 해 보고 후회할 바에야 해 보고 후회하기로 했다. 만약 이번에도 결과가 안 좋으면 더 이상 버틸 수 없을지도 모른다는 생각이 들었다. 사활을 걸고 해 보기로 했다. 남아 있는 현금이 충분하지 않아서 원료는 업체 홈페이지에서 할부로 카드 결제했다. 부자재와 충진 비용은 한 달 정도 여유가 있었기에 나중에 해결하기로 했다. 코코넛 오일 양산이 본격적으로 시작되었다. 제품이 개발되는 동안 온라인 판매 페이지를 만들었다. 임신 중기가 지나고 내 배는 점점 더 볼록하게 불러 왔다. 살이 트지 않도록 미리 구해 놓은 코코넛 오일 샘플을 내 배에 발라봤다. 코코넛 오일은 자극이 없는 순한 오일이어서 안심하고 사용했다. 내 배를 모델 삼아 설명 페이지에 활용했다. 생산한 제품을 각 온라인 쇼핑몰에 등록했다. 가격은 최소한의 마진을 붙여 저가 마케팅으로 진행했다. 힘들고 고생했던 시간이 보상이라도 받는 듯 생각보다 빠르게 판매되기 시작했다. 매출이 금방 늘었다. 사실 식품으로 나온 코코넛 오일을 피부에 발라도 상관없지만, 일반적으로 소비자는 먹는 것과 바르는 걸 구분하길 바랐다. 그 심리를 이용한 틈새 전략이 먹혔다. 코코넛 오일의 유행, 화장품용으로 활성화되지 않은 시장, 저가 정책 3가지가 맞아떨어졌다. '피부에 바르는 코코넛 오일'이라는 문구를 앞세워 홍보했다. 제품이 꽤 잘 팔릴 때쯤 식품 회사에서도 '바르는 코코넛 오일'이라는 문구를 사용해서 내 속이 쓰리기도 했다. 코코넛 오일은 내 브랜드를 대표하는 베스트 아이템이 되었다. 회사는 코코넛 오일 덕분에 조금씩 안정을 찾았다.

시작하지 못할 이유는 있었다. 여유 자금이 없었고 자신도 없었다. 그러나 실행 가능한지 탐색하는 건 부담 없이 할 수 있었다. 할 수 있는 것부터 하나씩 해 보았다. 결국에는 제품을 만들게 되었고 베스트셀러가 되었다. 유대 경전에 나오는 말이 있다.

"승자는 일단 달리기 시작하면서 계산하지만 패자는 달리기도 전에 계산부터 먼저 하느라고 바쁘다."

처음부터 포기하고 시작도 안 했다면 지금의 코코넛 오일은 절대 탄생할 수가 없었다. 출시되기까지 장애도 많았고 포기할 이유도 많았다. 그러나 확신을 두고 한 걸음씩 움직이다 보니 엉킨 실타래가 하나씩 풀렸다. 시도도 안 해 보고 후회할 바에야 해 보고 후회하는 게 낫다. 무엇이 성공을 가져다줄지는 아무도 모른다.

3. 일본 에이전시가 삼킨 2억

매달 일본에 수출하는 금액이 늘었다. 에이전트 회사를 통해서 일본으로 제품을 납품했다. 일 년에 한 번 정도 들어왔던 발주가 점점 빈도가 늘었고 어떤 달은 한 달에 몇 개씩 발주가 들어오기도 했다. 일이 바빠졌고, 매출도 크게 늘었다. 딱 이만큼만 계속 지속되면 좋겠다는 생각이 들었다. 그야말로 살만해졌다.

일본 회사는 카탈로그 통신판매 회사이다. 전 세계에서 화장품과 건강식품 등을 수입하여 카탈로그에 등록하면, 회원이 보고 구매하는 형식이다. 예전부터 한국 붐이 있었기 때문에 여전히 한국에서 만든 화장품의 매출 비중이 제일 크다고 했다. 국내에서 에이전트를 통해 제품을 납품하는 업체가 몇 개 더 있었다. 타 업체에서 이런저런 문제가 생겼는지, 발주가 점점 내 회사로 넘어왔다. 일 처리가 빠르고 납품 후 문제 대응을 잘해서 신뢰가 생긴 거라는 얘기를 들었다. 규모가 작은 회사여서 경쟁력이 없을 줄 알았는데, 정확하고 빠른 대응이 무기가 되었다.

매출이 늘어난 것은 좋았지만 에이전트로부터의 결제가 점점 늦어졌다. 몇 주에서 한 달 이상 미뤄지기도 했다. 문제가 커질 수 있겠다는 생각이 들었다. 발주가 들어올 때마다, 진행할지 말지 고민했다. 일정 금액 이상 미수가 생기면 납품하지 말아야겠다고 마음먹었다. 하지만 이미 생산 중인 제품과 미수금, 새로 들어온 주문이 뒤섞여서 무 자르듯 자를 수가 없었다. 미수금이 점점 커지자, 납품을 못 하겠다고 전했다. 그랬더니 에이전트가 일본 회사 대표와 함께 찾아왔다. 거래하면서 처음으로 일본 회사 대표를 마주했다. 정장 차림의 60대로 보이는 남성 대표는 말과 행동에 무게감이 있었고, 예의를 갖추었다. 지금까지 좋은 제품을 원활하게 납품해 주어 감사하다는 인사를 전했다. 에이전트가 상황이 안 좋아 일본 본사에서 직접 미수를 해결해 줄 테니, 예정된 납품 건을 정상적으로 진행해 달라고 부탁했다. 일본에서 직접 사무실까지 찾아온 걸 보니 문제가 심각하다고 느꼈던 모양이다. 몇 년간 항상 납품 날짜를 정확히 지키던 업체가 납품을 못 하겠다고 하니 적잖이 놀랐던 것 같다. 납품을 중단하면 일본 회사에서는 분명 큰 문제가 생길 수 있는 상황이었다. 이미 카탈로그 인쇄까지 마쳤다고 했다. 제품이 제날짜에 입고되지 않으면 입게 될 손해가 커 보였다. 일본 업체 대표가 한국에 있는 조그만 사무실까지 직접 방문해야 했던 이유는 충분했다. 일본 회사는 미수금을 당일에 바로 해결해 주었고, 나도 납품을 안 할 이유가 없었다. 진행 중이었던 제품을 모두 납품했다. 꽤 양이 많았다. 납품 금액이 2억 가까이 되었

오늘도 엄마 CEO는 인생 돌파 중

다. 일본 내 화장품 매출이 오르고 있었고, 우리도 이렇게 함께 거래해 나가면 꽤 크게 성장할 거라 기대했다.

납품한 제품 결제일이 다가왔다. 에이전트로부터 소식이 없었다. 며칠 기다려 달라고 했다. 하루 이틀 지나더니 한 달이 되었다. 영영 돈을 못 받을 것 같다는 예감이 들기 시작했다. 나중에 알고 보니 에이전트가 자금 사정이 안 좋아 직원들이 연이어 퇴사하고 있었고 회사도 정리 절차를 밟고 있었다. 에이전트 대표는 어떻게든 해결할 테니 조금만 더 시간을 달라고 했다. 기다리는 것 말고 할 수 있는 일이 아무것도 없었다. 미수금 2억은 내가 감당하기엔 너무 큰 금액이었다. 부자재와 OEM 공장에 결제해 줄 마감일이 다가왔다.

'이렇게 회사가 문을 닫는 건가. 이런 게 바로 줄도산이구나.'

에이전트가 문을 닫고 나도 결제를 못 해 주면 피해는 공장으로 이어지게 된다. 특히 규모가 작은 공장은 타격이 더 클 수 있다. 아무리 발주를 주는 회사가 탄탄해도, 중간에 한 업체라도 삐끗하면 연관된 업체가 다 함께 힘들어질 수 있다. 회사들은 톱니바퀴처럼 서로 얼기설기 얽혀서 굴러가고 있다. 아무리 작은 규모라 해도 중요하지 않은 존재는 없었다. 각자의 역할을 제대로 해 줘야 회사가 멈추지 않고 계속 돌아갈 수 있었다. 내가 피해를 보는 동시에, 거래처에도 손해를 끼치게 되는 상황이었다. 해결책은 없었고 시간이 지날수록 불안이 커져만 갔다.

얼마 지나지 않아 일본 본사로부터 연락이 왔다. 일본 회사 대표가 미팅하자고 했다. 이미 모든 납품을 끝내서 일본 회사는 아쉬움 없는 상황이었다. 갑자기 왜 만나자고 하는지 궁금했다. 삼성역 어느 호텔에서 미팅했다.

"에이전트를 통하지 않고 우리와 직접 거래를 하면 어떻겠습니까?"

거래처 대표는 단도직입적으로 물었다. 에이전트에 대한 신뢰는 사라졌고 내 회사와는 계속 함께 거래하고 싶다고 했다. 오히려 소규모 회사여서 알차게 운영해 나가는 게 더욱 마음에 들었다고 했다. 일본 대표의 한마디로 그동안의 노력과 고생을 한 번에 보상받는 느낌이었다. 마음은 바로 수락하고 싶었다. 하지만 에이전트 대표와의 친분도 무시할 수 없었다. 에이전트 대표는 조금만 기다려주면 해결하겠다고 했는데, 이 상황에서 일본 대표의 제안을 바로 승낙하면, 상도덕에 어긋나는 행위라고 생각해 거절했다.

돌아오는 길, 얼마나 발걸음이 무거웠는지 모른다. 회의에 참석했던 이사님과 나, 둘이 한참을 아쉬워하고 잘한 선택일까 곱씹었다. 우선, 에이전트가 얼른 회복해서 정상 운영을 하길 바라는 마음이 컸다. 며칠이 지났지만, 여전히 에이전트는 온갖 핑계를 대며 결제를 미뤘다. 받을 수 없을 것 같다는 확신이 점점 커졌다. 이제 정말로 결단을 내려야만 했다. 내 회사를 지켜야 했다. 일본 회사에 직접 거래하고 싶다고 전했다. 기다렸다는 듯, 일 처리가 빠르게 진행되었다. 일본 거래처 대표는 미수금 때문에 힘들어 하는 내 사정을 잘 알고 있었다. 자신의 제품을 납품하다가 문제가 생긴 거니 함께 책임지는 차원에서 원하는 금액을 무이자, 무담보, 무기한으로 대출해 주겠다고 했다. 머릿속에 가득했던 걱정거리가 한순간에 해결되었다. 꿈만 같았다. 2억 중 일부는 회사 수익에서 충당했고, 일부는 일본 회사로부터 차용하면서 거래처 결제 문제를 해결했다.

하마터면 큰 문제 일으키고 회사 문을 닫을 뻔했다. '수출 탑 대통령상'까지 받은 에이전트가 자금 문제로 심각한 상황에 처할 줄은 생각도 못했다. 에이전트 회사는 매출이 적어 전전긍긍하던 내 회사에 발주도 주고, 창업 이래 최고의 매출을 만들어 낼 수 있게 한 매우 고마운 업체였다. 반면, 에이전트로 인해 회사와 나 모두 고꾸라질 뻔했다. 내 가족, 내 회사가 아니면 남의 사정을 속속들이 알 수 없다. 결국은 나 스스로 준비가 돼 있어야 했다. 그동안 작은 규모의 '아이뷰(자회사)'라는 회사는 일본 본사에는 없으면 안 되는 중요한 존재가 되어 가고 있었다. 수분크림, CC쿠션, 클렌저 등 다양한 품목을 개발하고 납품했다. 여러 우수한 한국 OEM 생산 공장을 연결하여 좋은 제품을 만들어냈다. 에이전트의 문제는 일본 회사에도 큰 타격이었다. 한국과의 거래가 완전히 끊길 수도 있는 상황이었다. 하지만 제품 개발 및 납품과 그 외 업무를 아이뷰가 맡았고, 일본 카탈로그 사업은 문제없이 계속 이어갈 수 있었다. 이미 일본 업체에 내 회사는 중요한 존재가 된 것이다. 그게 내 회사를 살렸다.

4. 울긋불긋 멍게 피부 공개했더니 벌어진 일

직장 생활을 하면서 스트레스가 심해졌고 멀쩡하던 얼굴에 트러블이 생겼다. 하나둘 올라오던 여드름은 곧 얼굴 전체로 퍼졌다. 거울 볼 때마다 울긋불긋 트러블 가득한 얼굴이 견디기 힘들었다. 툭하면 혼자서 거울을 붙잡고 울었다. 엉망이 된 얼굴로 출근하기 싫었다. 밤에는 거울을 보며 신세 한탄으로 하루를 마무리하는 날이 늘어났다. 사람에게 가장 처음 보이는 곳이 얼굴이다. 피부만 좋아도 50%는 먹고 들어간다는데, 나는 첫인상부터 이미 꽝이었다. 화장으로 여러 번 덧발라도, 울긋불긋한 얼굴 톤과 울퉁불퉁한 피부 표면을 가리는 데 한계가 있었다. 하루는 직장 동료가 말했다.

"미선씨는 요즘 젊은 사람 같지 않게 메이크업을 너무 어둡고 두껍게 하는 것 같아."

내가 메이크업하는 가장 큰 목적은 '트러블 가리기'였다. 그러다 보니, 두터워질 수밖에 없었다. 동료는 내 피부 상태를 모르는 것도 아니면서 화장이 이상하다고 꼬집었다.

'투명 메이크업이 요즘 대세인 거 나도 알거든요. 누구는 뭐 그렇게 하기 싫어서 안 하나요?'

입 밖으로는 차마 못 뱉었다.

또 다른 여자 동료가 말했다. 다른 부서 남자 동료가 나는 여드름만 없으면 참 예쁜 얼굴이라고 얘기했다고 전했다.

'이건 또 어떻게 받아들여야 하지. 결국, 지금 나는 엉망이라는 거잖아.'

기분이 썩 좋지 않았다. 겉으로는 칭찬하는 듯했지만 비꼬는 말로 들렸다. 나쁜 의도가 없었을지도 모르겠지만, 말 한마디가 내게 큰 상처가 되었다. 그런 동료가 싫었고 사람이 싫어졌다. 겉으로는 동료들과 좋은 척 지냈지만, 피부 때문에 자존감은 바닥이었다. 마음 한구석은 경계 태세였고 외로웠고 지쳐갔다.

내 사업을 시작한 후에도 여전히 피부 상태가 좋지 못했다. 화장품 대표이기 때문에 특히 피부가 좋아야만 했다. 피부 관리실에 다니며 필링 및 재생 관리를 받았지만 크게 좋아지지 않았다. 한약도 지어 먹어 보고, 비싼 피부 레이저 치료도 받았지만 효과는 없었다. 건강식품도 먹고 운동도 했지만 계속 올라오는 트러블을 막을 수가 없었다.

영업할 때도 내 피부는 장애가 되었다. 한번은 방송에 제품 협찬을 했다. 당시 담당자가 일부 연예인과 가깝다고 하기에 좋은 기회다 싶었다.

제품 몇 개를 줄 테니 아는 연예인에게 전달 좀 해 달라며 홍보를 부탁했다. 담당자가 나를 빤히 쳐다보며 물었다.

"이 화장품 정말 좋아요?"

'근데 대표님 피부는 왜 그래요?'라고 말하는 것 같았다. 당시 내가 제안했던 제품은 앰플이었다. 앰플은 피부 진정, 탄력, 보습 등에 효과적인 제품이라고 열변을 토했지만 내 피부 상태가 신뢰를 주지 못했다. 내 얼굴이 곧 내 회사이며 제품인데, 트러블 가득 찬 피부로 무슨 영업을 할 수 있을까. 오히려 신뢰감만 더 하락할 것 같았다. 주위 가까운 지인들에게도 선뜻 화장품을 홍보하기가 어려웠다.

'화장품 일을 해서 그런지 피부가 정말 좋네요.'라는 말을 들어야 마땅했다. 대면 영업을 하려면 내 피부 개선이 시급했다. 자기 관리도 못 하는 것처럼 보이는 대표가 되고 싶지는 않았다.

트러블케어를 출시 후 홍보에 난항을 겪었다. 비슷한 특징의 제품이 워낙 많아서 경쟁이 치열했다. 광고나 홍보하려고 해도 금액이 굉장히 비싸서 엄두를 못 냈다. 모두 자기 제품이 최고라는 화장품 광고가 넘쳐났다. 하지만 실제로 트러블 피부는 개선되기 쉽지 않다. 나 역시 광고를 보고 기대했으나, 제품 사용 후 효과가 크지 않아 실망한 경험이 많았다. 다행히 새로 개발한 트러블 화장품은 내 피부에도 잘 맞았다. 꾸준히 써 보니 트러블이 조금씩 개선이 되었다. 피부 트러블이 얼마나 큰 스트레스인지를 잘 아는 나였기에, 트러블로 고생하는 사람은 모두 이 제품을 써봤으면 하는 마음이 컸다. 제품 체험단을 모집하고 싶었지만, 진행 비용이 꽤 많이 들어서 부담스러웠다. 트러블 제품은 단순히 제품 설명만 보고 구매를 결정하기가 힘들다. 소비자의 마음을 움직일만한 뭔가가 필요했다.

'내가 모델이 되어 볼까?'

내 피부 사진을 직접 찍었다. 심각한 상태에서 한 컷, 제품 바르면서 며칠 후와 한 달 후 사진을 찍으면서 자료를 모았다. 비포 & 애프터 사진을 제품 상세 페이지에 삽입했다. 그리고 평소 자주 들어가던 온라인 카페에 사용 후기를 적었다. 실패했던 얘기부터 효과를 보기까지 경험한 그대로 공유했다. 글과 사진이 카페 회원들의 마음을 움직였나 보다. 주문이 조금씩 늘기 시작했다. 입소문도 점점 생겼다. 내 피부도 좋아지고 매출도 오르고, 일거양득이었다.

오랜만에 피부 관리실에 갔더니, 원장님이 놀랐다.

"피부 좋아졌네요? 어떻게 된 거예요?"

그동안 사용한 화장품에 대해 알려 주었다. 며칠 후 연락이 왔다. 자기 손님이 여드름이 너무 심한데 우리 제품을 소개해 줬다고 했다. 피부 관리실에도 취급하는 화장품이 있었지만, 트러블로 고생하는 손님들에게는 내 화장품을 판매했다. 손님인 내가 피부 관리실에서 화장품을 사야 하는데, 거꾸로 내 제품을 납품했다.

그토록 숨기고 싶었던 트러블 피부였지만 가려지지는 않았다. 피부가 곧 내 마음 상태였다. 얼굴에 멍게를 달고 다니는 느낌인데도 아닌 척, 괜찮은 척, 밝은 척했다. 피부는 엉망이어도, 내 제품은 좋다고 설명해야만 했다. 가장 꽃다울 20~30대 시절이었다. 마음과 얼굴의 피부는 함께 멍들어 갔다. 그리고 내 피부를 공개했다. 누구든 보라고 활짝 문을 열었다. 감추고 싶었던 상처를 공유하니 사람들의 마음이 움직였다. 덕분에 라인 확장도 했고 소량의 수출도 했다. 뭐니 뭐니 해도 내 제품을 많은 소비자가 써보고 피부 개선이 되었다는 후기가 내게 가장 큰 즐거움이었고 힘이 되었다. 피부 트러블 덕이었다. 내가 직접 겪지 않았다면, 트러블 피부를 가진 고객의 마음도 몰랐을 테고 제품 홍보에 도움도 못 되었을 거다. 결국 내 피부 트러블은 자기 역할을 했다. 내 가장 큰 약점이 회사 매출에 도움이 되었다.

"피부가 너무 좋아요. 화장품 회사 운영하니 그런가 봐요."

요즘 가끔 피부 칭찬도 듣는다. 10여 년 전 그토록 듣고 싶었던 말을 지금에서야 듣는다. 그래서 더 소중하다. 내게는 다 추억이고 경험이 되었다. 감추고 싶었던 것을 용기 내어 드러내며 앞으로 나아갈 방법을 찾았던 경험이, 사업을 13년째 끌고 갈 수 있는 밑거름이 되었다.

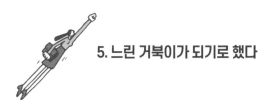

5. 느린 거북이가 되기로 했다

'언제쯤 5명, 10명 이상 직원을 둘 수 있을까. 넓은 사무실로 얼른 옮기고 싶다.'

초반에는 회사 규모를 빨리 키우고 싶은 생각이 가득했다. 얼른 성공하고 싶었다. 신입 웹디자이너를 채용했다. 회사 규모가 작아 고연봉의 경력자보다는 경험이 조금 부족해도 앞으로 함께 성장할 수 있는 사람이 낫다고 생각했다. 젊은 친구의 아이디어와 열정도 필요했다. 신입사원이 들어오고 초반에는 업무를 알려주느라 많은 시간을 투자해야만 했다. 일의 한 부분을 딱 떼어 주고 알아서 해 주길 바랐는데 현실은 그렇지 않았다. 하나하나 챙겨 주고 봐줘야 했다. 오히려 내 시간이 더 부족했다. 직원이 업무에 어느 정도 적응한 후에는 기획은 내가 하고, 직원은 웹 페이지를 만들었다. 결과물은 기대 이하였다. 내가 회사 다닐 때 디자이너가 하는 일을 옆에서 많이 봤다. 관심 있어서 포토샵 독학도 해 봤다. 그 덕에 어느 정도는 웹 디자인을 할 수 있었다. 내가 할 수 있는 분야라서 직원의 일 처리 속도와 디자인 수준을 판단할 수 있었다. 마음은 조급했지만, 직원이 성장할 때까지 더 기다려 보기로 했다. 직원이 더 회사 일에 관심을 갖고 노력하기를 바랐다.

내가 생각하는 업무의 기본은 자사 제품을 정확하게 알고 있어야 하는 것이다. 제품을 제대로 알아야 디자인도 하고 판매도 할 수 있다.

"민아 씨. 이거 한번 써봐. 제품에 대해 알면 디자인하기 더 쉬울 거야. 한 세트는 집에 가져가서 직접 써 보고 나머지 한 세트는 여기 책상 위에 놔둘 테니 수시로 살펴봐."

내가 회사 다닐 때는 새로운 제품만 보면 궁금해서 바로 얼굴에 발라보곤 했다. 어떤 사용감인지 향은 어떤지, 성분은 뭐가 들었는지 궁금했다. 민아 씨도 그럴 거로 생각하고 제품을 가져다주었다. 내 생각과는 달랐다. 책상 한구석에 마치 장식품처럼 놓여 있기만 했다. 모니터만 바라보고 디자인했다. 내가 억지로 할 수 없는 부분이었다. 내 맘 같지 않았다.

민아 씨와 가까워지고 싶었다. 서로 편해야 소통이 잘되고 일도 잘할 수 있다고 생각했다. 하지만 쉽지 않았다. 속 시원히 대화하고 싶어도 5분을 넘기기가 힘들었다. 나 혼자 떠들고 있었으니 말이다.

'잔소리처럼 들리나? 내가 같은 직원이 아니라 사장이라서 그런 걸까? 도대체 무슨 생각을 하는 거지?'

직원의 마음을 알 수가 없었다.

거래처에 급히 이벤트 페이지를 전달해야 했다. 오늘까지 마무리해서 넘겨야 하는데 시간은 벌써 6시가 넘어가고 있었다.

"민아 씨. 오늘까지 이거 보내야 하니까 빨리 마무리하고 퇴근하자."

평소 민아 씨는 6시에 칼퇴근했다. 그날은 업무가 안 끝나서 일을 조금 더 해야 하는 상황이었다. 민아 씨가 제시간에 퇴근을 못 해서 안절부절 못하는 게 느껴졌다. 나도 덩달아 일에 집중이 안 되고 불안해졌다.

'일이 많으면 좀 늦을 수도 있는 거 아닌가?'

나도 불만이 커졌고 민아 씨 눈치도 보였다. 시간은 자꾸 지나가고 일이 마무리될 기미가 보이지 않았다. 결국 민아 씨를 퇴근시키고 내가 마무리했다. 훨씬 마음이 편했다.

엄마는 직접 두 눈으로 안 쳐다봐도 자기 자식이 뭐 하고 있는지, 거짓말하는지 아닌지 다 안다. 회사에서도 마찬가지다. 윗사람 눈에는 아랫사람이 뭐 하는지 다 보인다. 민아 씨가 며칠 동안 업무시간 내내 일은 안 하고 다른 걸 하는 것 같았다. 심증으로만 얘기할 수는 없었다. 업무량을 보니 해낸 게 거의 없었다. 결단을 내려야 했다.

'혹시 내가 화를 내서 민아 씨가 그만둔다고 해도 회사가 문제가 생기나? 아마 내가 다 해결할 수 있을 거야.'

만약의 상황까지 생각한 후 처음으로 큰 소리를 냈다. 다음 날 아침, 민아 씨는 출근하자마자 개인적인 일로 더 이상 못 다니겠다고 전하며 그날 바로 퇴사했다.

사람을 다루고 어떤 사람과 관계를 맺는다는 게 내 마음 같지 않았다. 나 같은 사람이 있으면 좋겠는데, 세상에 그런 사람은 없다. 새로운 직원을 뽑으면 회사 업무에 적응시키는 기간이 필요하다. 이번처럼 업무에 적응할 때쯤 퇴사를 할 수도 있다. 회사로서 시간 낭비, 돈 낭비다. 내 스트레스도 커지게 된다. 한참을 고민하다가 그냥 내가 다 해 보자고 결심했다. 최소한의 디자인은 내가 할 수 있었다. 제품에 들어가는 패키지 디자인은 전문 디자이너에게 외주를 주면 되었다. 공장 쪽 영업은 이사님이 맡고 있어 문제없었고, 그 외 나머지는 다 내가 할 수 있는 일이었다.

'그래. 이사님이랑 나랑 둘이 해 보자.'

만능이 되기로 했다. 웹 디자인, 웹 관리, 제품 기획, 홍보, 영업, 경리, 택배 포장과 CS까지 모두 다 내가 해 나갔다. 여러 분야의 업무를 혼자서 혹은 둘이 하다 보니, 속도가 많이 늦었다. 회사의 발전 속도도 당연히 느릴 수밖에 없었다. 물리적인 시간이 부족했다. 한 가지 업무에만 집중할 수 없어서 결과물이 아쉬울 때가 많았다. 빠르게 매출이 대폭 성장하거나 회사 규모가 커지는 데는 한계가 있었다. 하지만 나는 그냥 그렇게 나만의 속도로 가기로 했다. 다른 회사나 남들과 비교할 필요가 없었다. 내 회사는 나만의 리그다. 경쟁상대를 바라보는 토끼가 아닌 목표를 바라보는 거북이가 되기로 했다. 그렇게 한 발짝씩 걷다 보면 늦게라도 목표에 닿을 거라는 마음으로 가기로 했다.

오늘도 엄마 CEO는 인생 돌파 중

같은 업종에서 일하는 분들이 놀랐다.

"아니 어떻게 이걸 둘이 다 해요?"

모든 게 내 할 일이었고 내 일 아닌 게 없다는 마음과 태도만 있으면 가능했다. 이사님과 나는 이미 마음가짐도 업무도 베테랑이었다. 네다섯 명이 할 일을 둘이 처리했다. 복잡한 업무 절차는 단순화시켰고, 쓸데없는 일은 없애 버렸다. 회사 내에는 둘만 있었으므로 양식을 갖추고 보고하거나 발표할 일은 없었다. 회의도 짧고 간단하게 했다. 효율성 있게 더 많은 일을 할 수 있었다. 그렇다고 매일 일에 치여 야근할 필요도 없었다. 일이 익숙해지면서 시간 조절이 쉬웠고, 갑자기 생기는 가족 일이나 집안일도 중간에 처리하면서 업무를 볼 수 있는 게 오히려 더 편하고 좋았다. 내가 애초에 꿈꿨던 직원 많고 규모가 큰 회사와는 멀어졌지만, 회사의 내실은 키워나갈 수 있었다. 대표이자 엄마와 아내의 역할을 함께해야 했던 나에겐 어쩌면 이 형태가 더 알맞았다. 한쪽에 치우치지 않고 삶의 균형을 맞춰갈 수 있었다.

겉으로 보면 참 느리고 답답한 회사다. 전문성도 부족해 보이고 겉모습이 멋지거나 대단해 보이지 않는다. 하지만 13년이 넘는 세월을 겪은 회사다. 거북이가 느릿느릿 지치지 않고 여기까지 왔다. 앞으로 남은 길도 계속 용감하게 갈 거다.

6. 회사 생존에 필요한 고비 5년!

창업 후 1년. 내 앞에 두 갈림길이 놓였다. 멈출 것인가 갈 것인가. 계획대로라면 1년 이내에 준비를 끝내고 앞으로 달려야 했다. 그러나 아직 성과도, 명확한 미래도 보이지 않았다. 매출은 미비한 수준이었고, 기존 거래처 외에 새로운 판로를 찾지 못하고 있었다. 내가 원하던 장밋빛 인생이 아니었다. 지금 상황에서 변화를 주려면 새로운 투자가 필요했다. 제품 라인도 더 늘려야 했고 다양한 홍보 활동이 필요했다. 자금을 더 투자해서 앞으로 나갈 것인가. 아니면 여기서 멈출 것인가. 창업 후 1년, 빠르게 포기할 수 있는 시점이다. 내가 감당할 수 있을 때 그만둬야 하는 게 아닌가 하는 생각이 들었다. 수습하기에 너무 멀리 가지 않은 1년까지는 뒤를 돌아보며 '이 길 맞아?'라며 주춤거렸고 눈앞에 놓인 갈림길 앞에서 고민했다.

내가 처음 사업을 시작했을 때 지인이 말했다.

"사업으로 성공하는 건 정말 어려운 일이야. 처음에는 실패부터 할 거

오늘도 엄마 CEO는 인생 돌파 중

야. 바로 성공하기는 힘들어. 무조건 실패는 하게 되어 있어."

속으로 '이게 뭔 말이야!' 했다. 당시 흘려들었던 말이 다시 떠올랐다. 창업 후 50% 이상이 1년 이내에 문을 닫는다는 말이 있다. 나는 그 50%에 해당하고 싶지 않았다. 포기하면 여기서 끝이고 곧 실패로 이어진다. 지인이 얘기한 대로 되고 싶지 않았다. 나는 굳이 실패의 길을 선택하지 않기로 했다.

'가 보자. 이왕 시작한 거니까. 할 수 있는 데까지 해 보자.'

해외 전시회를 여러 곳 다녔다. 상담도 많이 했고 제품에 관심 두는 업체도 많았다. 하지만 계약 하나 성사하기가 힘들었다. 세계는 넓었고 시장도 컸지만 내 제품을 연결할 업체를 찾는 건 사막에서 바늘 찾는 것처럼 어려웠다. 말레이시아 쿠알라룸푸르 전시회에 참가했을 때, 한 업체가 관심을 보였다. 전시회 첫날 업체 담당자와 미팅했고, 다음 날은 관리자도 함께 와서 서로 인사했다. 제품을 맡아서 판매해 보고 싶다고 했다. 전시회 이후에도 계속 연락하면서 수출에 필요한 서류, 제품 자료, 업무 절차 등 많은 내용이 오갔다. 곧 계약서를 쓰기까지 이르렀다. 일은 생각보다 빠르게 진행되었다. 이제 발주만 받으면 되었다. 동남아로 나가는 첫 수출이 되는 거였다. 그런데 마지막 단계를 앞두고 진행이 늦어졌다. 담당자와 연락도 제대로 닿지 않았다. 거래를 주도했던 담당자가 회사를 그만두었다는 것을 나중에야 알게 되었다. 인수인계도 제대로 되지 않은 상태였다. 상대 회사는 더 이상 우리 제품에 관심을 보이지 않았고 진행하던 수출 준비는 허무하게 끝이 났다. 꽤 희망을 품고 있어서 실망이 컸다. 전시회를 한 번 다녀오는 데는 많은 시간과 돈을 투자해야 한다. 아무런 정보도 아는 거래처도 없이 맨땅에 헤딩하듯 전시회에 참가한다. 보통은 전시회 한두 번 참가한다고 바로 거래처가 생기는 건 힘들다고 했다. 초반에는 성과가 없어도, 다음에는 잘될 거라는 마음으로 했다. 단지 내 제품에 대한 자부심과 수출 거래처가 생길 거라는 희망 하나만을 가지고 말이다. 그토록 원하던 수출을 하게 될 줄 알았는데 마지막 단계에서 틀어지니, 그동안 들여왔던 모든 공이 다 무너지는 느낌이었다.

전시회는 화장품 협회나 지자체로부터 일부 지원을 받으며 참가했다. 이후 다시 전시회에 나갈 계획을 세웠다. 전시회 참가 3년 차가 되었다. 지원받기 위해 실사를 받았고, 담당자가 조언해 주었다.

"전시회 참가 3년 차 회사는 제가 웬만하면 지원받을 수 있게 해 줘요. 3년 되었을 때가 가장 힘들거든요. 보통 이맘때 회사들이 제일 많이 포기하더라고요."

일정 금액의 지원을 받고 세계 3대 화장품 전시회 중 하나인 '홍콩 코스모 프루프 전시회'에 참가했다. 바랐던 좋은 소식은 없었다. 3년을 못 넘기고 전시회 참가를 접어야 했다.

희망을 품을 수 있다는 건 꽤 의미 있는 일이다. 앞으로 나아갈 힘이 생기게 해 준다. 몇 년 동안 해외 판로 확보를 위해 노력을 했지만, 성과를 못 냈고 앞으로 나아갈 동력이 떨어지고 새로운 희망도 사라졌다.

'이제 어쩌면 좋을까, 다음 길은 뭐지?' 스스로 끊임없이 질문했다.

해외를 다니며 희망을 품었던 마음이 상실감으로 가득 찼다. 새로운 시도가 실패했다. 그렇다고 바로 회사가 문을 닫을 이유는 없었다. 하던 일이 있었으니까. 처음부터 했던 일, 내가 매일 하던 일을 계속했다. 국내에 집중하기로 했다.

'또 다른 기회가 분명 올 거야. 나중에 새로운 길을 찾을 수 있게 될 거야.'라고 억지로 자기최면을 걸었다. 회사와 내 마음은 다시 하향 곡선을 그리고 있었지만, 마침표는 찍지 않았다.

진짜 고비가 왔다.

1년을 겨우 넘겼다면 5년이 진짜 고비라는 말이 있다. 나도 마찬가지였다. 5년이란 시간은 일을 다각도로 해 볼 수 있는 충분한 시간이다. 제품 개발도 다양하게 해 봤고, 여러 홍보와 광고를 진행해 봤다. 국내외 전시회를 통해 새로운 판로를 찾아보기도 했고, 여러 온라인 몰과 지자체 기관을 통해서 제품을 알리려고 노력했다. 제품을 생산하고 판매하면서 긴 시간을 운영해 왔다. 하지만 충분한 수익을 내지 못했다. 여러 시도를 하려면 선투자가 필요하기에 자금을 투자했다. 이제는 더 이상 추가 자금 확보가 어려웠고, 기존 매출만으로는 계속 회사를 끌고 가기가 어려워졌다. 이미 여러 방법을 다 동원해 봤기에, 더는 새로운 아이디어도 없었다. 앞으로 어떻게 끌고 가야 할지 계획이 서질 않았다. 답이 보이지 않아 답답한 나날이 지속되었다. 특히 여름은 정말 힘들었다. 덥고 습하니 원래 많지도 않았던 화장품 매출이 뚝 떨어졌다. 난생처음 카드론을 사용하면서 회사를 겨우 돌렸다. 말 그대로 버티기였다.

가끔은 예상치 못하게 좋은 소식이 들려올 때가 있었다. 어느 날 한 잡지에 '수면 팩'이 실리게 될 거라는 연락을 받았다. 어떤 헤어 디자이너가 직접 제품을 구매했는데 마음에 들어서 잡지 인터뷰에서 소개했다고 했다. 또 어떤 유명한 블로거는 자발적으로 제품을 사용 후 후기를 블로그에 올렸고, 그 덕에 제품이 입소문이 났다.

소소한 사건들이 엄청난 결과를 가져온 건 아니었지만 회사가 힘들 때 버틸 힘이 되어 주었다. 조금씩 숨통이 틔었고, 계속해 나갈 수 있게 마음을 굳건히 먹을 수 있었다. 1년, 2년, 5년 지나면서 꼭 내가 직접 진행한 일이 아니더라도 주위의 도움으로 좋은 결과가 나오기도 했다. 내가 그동안 뿌려 놓았던 씨앗들이 시간이 지나면서 꽃을 피우고 있었다.

대나무는 5년간 땅속에 뿌리를 내리고 하루 만에 20~30cm씩 자란다고 한다. 사업도 마찬가지다. 물론 처음부터 자금이 풍족하고 특출한 아이템이 있다면 1년 안에 소위 말하는 대박을 터트릴 수도 있다. 그러나 보통은 자리 잡기까지 5년은 걸린다고 한다. 여러 갈래의 길을 모두 가

보고, 알맞은 방법을 터득하기까지는 시간이 걸렸다. 사실 운도 따라야 했다. 학생 때는 열심히 노력한 만큼 성적이 나왔지만, 사업은 그렇지 않다는 걸 뼈저리게 느낀 5년이었다. 13년이 지난 지금 생각해 보면, 5년 동안은 그야말로 갈고 닦는 시간이었다. 수많은 실수와 경험이 앞으로 나아가야 할 방향을 알려 주었고, 다시는 하지 말아야 할 것들도 알려 주었다. 이제 이렇게 끝내야 하나 할 때쯤 새로운 길이 보였다. 5년의 고생 덕분에 다가오는 기회를 조금 더 잘 잡을 수 있는 판단력이 생겼고, 더 쉽고 효율적으로 갈 방법을 알게 되었다. 5년을 버텼더니, 13년 차 회사가 되었다.

7. 그럼 그렇지, 사업은 무슨

'오늘은 뭐하지?'

아침에 일어나는 게 두려웠다. 출근해서 컴퓨터를 켜고 그날 들어온 주문을 확인했다. 역시 주문이 많지 않았다. 마우스 커서를 이리저리 움직이다가 목적 없는 온라인 서핑이 시작되었다. 머릿속은 복잡했고, 매출을 늘려야 한다는 조급한 마음만 가득했다. 해야 할 일은 있을 텐데, 무엇을 해야 할지 갈피를 못 잡았다.

'이게 효과가 있을까, 저걸 해야 하나?'

생각만 하다가 끝나기 일쑤였다. 이것저것 해 봐도 매출이 늘지 않으니 더 이상 의욕이 생기지 않았고 잘될 거라는 확신이 없었다. 길을 잃은 느낌이었다. 귀찮고 재미없어도 차라리 일이 많으면 쓸데없는 생각은 안할 텐데, 시간은 많고 할 일은 없으니 부정적인 생각만 늘어갔다. 출근해서 퇴근할 때까지 시간은 왜 이렇게 안 가는지 지루했다. 퇴근하고 잠들기 전 다음 날이 벌써 걱정되었다.

오늘도 엄마 CEO는 인생 돌파 중

'내일은 또 뭐하지?'

내 마음을 그대로 표현한 노래가 들려왔다. 유재석과 이적인 부른 〈말하는 대로〉이었다.

"하루를 견디고 불안한 잠자리에 누울 때면 내일 뭐 하지. 내일 뭐 하지. 걱정을 했지. 두 눈을 감아도 통 잠은 안 오고 가슴은 아프도록 답답할 때 난 왜 안 되지. 왜 난 안 되지. 되뇌었지."

가사가 딱 내 상황 같아서 노래 들으며 몰래 울기도 했다. 나는 직업이 있었음에도 말이다.

'차라리 누가 시키는 일을 하면 좀 편할 텐데. 주어진 일만 하면 좋을 텐데.'

자존감이 떨어졌고 차라리 직원으로 사는 게 맞나 싶었다. 주위에 답을 구할 곳은 없었고, 지푸라기 잡는 심정으로 책을 읽기 시작했다. 내 꿈을 찾아야 했다. 일을 할 수 있는 의지와 동력, 해답 모두 내가 찾아야만 했다. 처음엔 동기 부여 해 주는 자기 계발서를 시작으로 바닥까지 떨어진 자존감을 되찾으려 노력했다. 마케팅, 브랜딩의 실무 책뿐 아니라 인문 서적도 읽으면서 우물 속에 빠진 나를 우물 밖으로 빼내려 했다. 또한 하루도 빠짐없이 100일 넘게 묵주 5단을 바치는 기도를 했다. 그만큼 간절했다.

'지금 바로 내 마음속에서 말하는 대로 말하는 대로 말하는 대로 될 수 있다고 될 수 있다고 그대 믿는다면 마음먹은 대로….'

노래 가사의 마지막처럼 내 인생도 사업도 흘러가길 바랐다. 하루 만에 기적처럼 뭔가가 바뀌진 않았다. 기도하며 답을 구했고, 많은 독서를 통해 문제는 나 자신에 있다는 걸 알게 되었다. 아침에 일어나면 전날 기도하면서 반성했던 부분을 떠올렸고, 새로운 다짐을 하고 출근했다. 조급한 마음은 제쳐두고, 귀찮고 하찮아 보이는 일도 중요한 일이라고 생각되면 먼저 처리하려 애썼다. 마음은 여유 있게, 예민해진 머릿속은 자꾸 비우려 노력했다. 행동 하나하나도 조금 더 좋은 쪽으로 바꿔보려 했다. 이전과 달라지는 것, 절대 쉽지 않았다. 하지만 노력과 행동은 배반하지 않았다. 긴 시간 동안 서서히 얽히고설킨 실타래가 조금씩 풀려나갔고 마음이 평온해졌다. 다시 힘을 내어 나만의 일을 찾아 나갔다.

잘나가던 제품이 어느 순간부터 서서히 매출이 줄었다. 원인을 찾기 시작했다. 가장 먼저 고객 후기부터 둘러봤다. 고객 후기는 판매와 직결된다. 만약 평이 안 좋다면 그 이유를 찾아 빠르게 해결해야 매출에 지장이 없다. 살펴보니 고객 후기도 괜찮았다. 도대체 문제가 뭘까? 외부에서 찾아봤다. 안 보이던 제품이 등장했다. 내 제품을 위협하는 경쟁사가 생긴 거다. 물론 나도 제품 개발할 때, 시장 조사를 하면서 타깃을 정하고, 더 좋은 품질과 판매 조건으로 만든다. 자유 경쟁 시대에서는 자연스러운 현상이다. 하지만 막상 내가 당해 보니 상황이 심각했다. 나 같은 조그만 회사는 매출이 조금만 줄어도 타격이 컸다. 경쟁사는 더 큰 용량,

더 저렴한 가격에 출시했다. 똑똑한 소비자는 당연히 가성비 좋은 제품을 선택한다. 얼른 계산기를 두드려 본다.

'내가 어디까지 가격을 낮출 수 있을까?'

이내 그 생각을 내려놓았다. 가격 경쟁은 판매자만 힘들어지고, 더 어려운 시장구조를 만들 뿐이었다. 힘들게 겨우 자리를 잡아놓으면, 이내 비슷한 제품이 생기는 일은 꽤 자주 있었다. 게다가 자금력이 있는 회사의 패키지, 가격, 서비스와의 경쟁에서 우위를 차지한다는 게 쉽지 않았다. 모든 제품이 히트할 필요는 없고 몇 가지만 매출이 좋아도 회사는 잘 돌아갈 수 있다. 하지만 이마저도 어려웠다. 화장품은 플라시보 효과가 크다고 한다. 자극적인 광고와 멋스러운 패키지 디자인을 보며 소비자는 더 큰 기대를 하고 그만큼의 효과도 나타난다. 하지만 무슨 똥배짱인지, 나는 매번 제품 개발할 때마다 패키지보다는 내용물에 우선순위를 두었다. 고객이 내 제품을 쓰고 피부가 좋아지길 바라는 마음이었다. 외적으로 좀 더 멋스럽고 고급스러울 수 있음을 포기했다. 매출에도 영향이 있을 수밖에 없었다. 대신 상세 페이지에 집중했다. 내 제품만의 스토리를 만들고, 다양한 활용법 등 차별화된 내용을 판매 페이지에 담았다.

"제발 단종시키지 말아 주세요. 계속 재생산 해주세요. 제 평생 아이템이에요. 백화점에서 산 것보다 훨씬 좋아요. 정말 좋아서 주위에 소문냈어요."

제품에 따라 오는 후기는 내게 큰 힘이 되었다. 동시에 홍보 역할도 해 주었다. 브랜드 인지도가 약하고, 패키지가 덜 예뻐도 내 제품을 애용해 주는 고객들이 있다. 몇 년이 지나도 꾸준히 구매해 주었다. 재구매가 쌓이니 매출에도 도움이 되었다. 내가 못하는 부분에서 좌절하는 대신, 내가 잘할 수 있는 부분에 더 집중했다. 그러면 살길은 저절로 따라 나왔다.

인터넷 검색 창에 '파산'을 검색해 봤다. 파산이 인정되는 기준이 뭔지, 준비해야 할 게 뭔지 찾아봤다. 내가 만약 파산 신청을 한다면 언제 하는 게 좋을지 구체적인 시기도 생각해 보았다.

'출산 후 아기를 키우면서 더는 사업할 여건이 안 된다고 하면 파산을 인정해 줄까. 육아에 집중하면, 파산을 하더라도 내가 받는 정신적 스트레스가 좀 덜지 않을까?'

회사가 승승장구하면 이런 생각은 할 필요가 없다. 하지만 신경 쓸 것도 많고, 일이 뜻대로 되지 않으니 임신하면서 마음이 약해졌다. 몸도 마음도 예민해지고 쉽게 지치니, 육아와 사업 두 마리 토끼를 잡을 자신이 없어졌다. 회사 걱정 안 하고 집에서 아기 보며 사는 삶이 부러웠다. 항상 친정 엄마가 나와 여동생에게 하신 말씀이 있다. 절대 집에만 있지 말고 일을 계속하라고 했다. 여자로서 사회에 나가 일하는 삶이 훨씬 좋다고 했다. 그래서 대학 때까지 충분히 공부할 수 있게 열심히 뒷바라지 해주셨다. 그런데 아이 낳아야 한다며 그만둔다고 하면 크게 실망하겠다는 생각이 들었다. 어떻게 보면 대리 만족일 수도 있다. 이미 아이를 봐주겠다고 해 줄 만큼 내 일을 적극 응원해 주는데, 파산한다고 하면 너무 속상해 할 게 뻔했다. 게다가, 파산이란 실패를 뜻한다. 나는 인생에서 첫 번째 실패의 경험을 안고 아이를 키워나가야 했다.

'과연, 육아에 집중한다고 해도, 실패라는 주홍 글씨를 이겨낼 수 있을까?'

아이 앞에서 떳떳한 엄마가 될 수 있을지 의문이었다. 육아 핑계를 대기엔, 결국 내가 감당해야 할 게 너무나도 컸다. 지금 당장에 큰 문제가 터지지도 않았는데, 파산을 고민하는 건 무책임한 태도였다. 임신으로 약해졌던 마음, 다시 단단해지기로 했다.

아무리 조그만 회사라 해도 사회라는 톱니바퀴에 맞물려 돌아가고 있었다. 지우개로 지우듯 쉽게 지울 수 있는 게 아니었다. 포기는 쉬운 게 아니다. 포기하는 순간 책임지고 감당해야 할 게 훨씬 많다. 지금까지 해왔듯 한 걸음씩만 옮기면 멈추지 않고 갈 수 있었다. 약해진 마음 단단하게 만들며 앞으로 더 나가 보기로 했다.

8. 피 같은 돈이 쓰레기통으로?

    화장품은 사용기한이 존재한다. 제품마다 다르긴 하지만 보통 제조일로부터 30개월 정도이다. 문제없이 안정적으로 사용할 수 있는 최소한의 기한이다. 제품에 이상이 없어도 사용기한이 얼마 남지 않으면 사용을 꺼리게 된다. 제품이 인기가 좋아서 판매가 잘 되면 상관없지만, 판매가 잘 안되면 사용기한과 재고에 더욱 민감해질 수밖에 없다. 그동안 30가지 넘는 제품을 개발하고 판매해 봤지만, 모든 제품이 좋은 결과를 가져오지는 못했다. 인기가 좋은 제품은 수시로 재발주하고 때로는 품절 되어 고객의 문의가 빗발쳤다. 인기 없는 제품은 판매가 부진하니 재고의 부담을 가져가야 했다. 선 투자했으니 어서 팔아서 현금으로 만들어야 하는데, 판매가 안 되면 창고에 쌓여 있게 된다. 회전이 안 되면 돈이 재고로 묶인다. 설상가상으로 시간이 흘러가고 사용기한이 점점 다가온다. 더 이상 판매할 수 없는 제품으로 되어 가고 있다는 뜻이다. 창고에 가득 쌓인 화장품이 담긴 박스를 보면서 매일 한숨 쉬었다.

'이 많은 걸 언제 어떻게 다 팔 수 있을까?'

보기에도 멀쩡하고 직접 써 봐도 정말 좋은 제품인데 아무리 광고해도 반응이 없는 제품은 있었다. 돈 주고 만들었는데 쓰레기통으로 가야 할 판이었다. 대폭 할인을 하면 판매량이 늘기는 했지만 많은 재고를 소진하기에는 역부족이었다. 하는 수 없이 날짜가 임박한 제품은 일명 '떨이'를 전문으로 하는 곳에 넘기기로 했다. 공급가를 최대한 낮춰서 제안했다. 수익 볼 생각은 접고 원가 수준에 맞춰 공급하겠다고 했더니 받아들여지지 않았다. 상대 업체에서 원하는 가격은 내 기준에 터무니없었다. 제시한 금액이 원가 이하여서 제품을 넘겨도 손해였다. 날짜도 임박했고, 더 절실한 입장은 상대가 아닌 내 쪽이었다. 내가 제안한 순간부터 이미 칼자루는 상대에게 넘어갔다. 아무리 생각해도 제품을 쓰레기통에 버릴 수는 없었다. 손해를 봐서라도 제품을 넘기면, 누군가는 내 제품을 저렴하게 구매해서 사용할 수 있을 거라는 생각이 들었다. 쓰레기통으로 가는 것보다는 훨씬 나은 선택이라는 생각에, 쓰린 마음을 달래가며 제품을 넘겼다. 그리고 내 손에 받아 든 제품값. 뒤에 0이 한 개가 빠진 건지 두 개가 빠진 건지 허무했다.

'이러려고 제품 만들었나.'

어떤 제품이든 내가 애착이 가지 않는 건 없다. 존재하지 않았던 제품을 세상에 내놓았다. 내가 처음으로 기획한 제품이 나왔을 때는 마치 자식이 생긴 느낌이었다. 제품을 보고 또 보고, 패키지에 적힌 문구를 거의

다 외울 정도였다. 재발주 때마다 생기는 오차 범위 이내의 미세한 사용감의 차이도 알아챌 정도로 제품에 관한 관심과 애착이 컸다.

제품 기획 단계부터 출시되기까지의 과정은 간단하지 않다. 시장 조사를 통해 신제품의 메인 콘셉트를 정한다. 꼭 들어가야 하는 주요 성분과 절대 넣지 말아야 할 성분, 사용감, 향을 정리하여 공장 연구실에 전달한다. 연구실로부터 샘플이 나오면 수많은 테스트를 통해 최종 선택한다. 내가 원하는 디자인이 제품에 적용될 수 있도록 기획부터 양산까지 살펴봐야 한다. 상세 페이지를 만들고, 사진 촬영도 한다. 다양한 홍보와 광고도 미리 계획하고 준비해 놓는다. 신제품을 만들기까지 생각하고 고민할 것과 해야 할 일은 매우 많다. 많은 시간과 돈을 투자해서 나온 소중한 제품이 제 가치를 인정받지 못하게 되었을 때 속상하고 마음 아팠다. 또한 회사 매출에도 타격이 가니 이래저래 답답한 일이었다. 제품마다 수명이 있고 역할이 달랐다. 최소한 힘들게 만든 물건을 쓰레기로 만드는 건 하지 않기로 했다.

'내 물건이 최고인데! 내가 이걸 어떻게 만들었는데. 이 비싼 걸 그 값에 주라고?'

자존심을 내려놓을 때가 필요했다. 수지타산이 안 맞아도 진행해야 했다. 최악보다는 차악이다. 어떨 때는 차악이 베스트 선택일 수 있다. 잠시라도 숨통을 트일 수 있게 해 주었으니 말이다.

오늘도 엄마 CEO는 인생 돌파 중

신제품 개발을 위해 시장 조사를 했다. 피부 시술의 효과를 화장품으로 누리고 싶은 소비자의 니즈가 많았다. 특히 피부 탄력에 관한 관심이 높았다. 탄력에 도움이 되는 화장품 성분을 조사하기 시작했다. '히알루론산'은 보통 화장품 보습 성분으로 사용되는데 '보톡스' 시술의 주요 성분이라는 걸 알아냈다. 가격과 사용감 때문에 일반적으로 화장품에 사용하는 히알루론산 함량 비율이 높지는 않다. 공장에 최대 함량을 넣어 샘플을 만들어 달라고 요청했다. 당시 '필러'가 유행이었으므로, '바르는 필러 크림'으로 콘셉트를 잡았다. 샘플 테스트를 해 보니 히알루론산 함량이 워낙 많아서 일반 수분크림과는 제형과 사용감이 달랐다. 쫀득하기도 하고 미끈거리는 느낌이 있었다. 이런 사용감을 소비자가 좋아할지 고민되었다. 자기 전 피부에 충분히 바르면 다음 날 아침, 마치 밤새 수분팩한 것처럼 피부가 촉촉해졌다. 제품만의 특색이 있어서 반응이 좋을 것 같다는 판단이 섰다. 고민 끝에 '맥시마이징 볼륨 필러 크림'이 탄생했다. 장미향이 은은하게 풍기는 분홍빛 수분 크림이었다. 제품 용기 전면에는 제품명의 약자인 알파벳 MVF(Maximizing Volume Filler)를 은박으로 크게 넣어 디자인했다. 기획이 독특해서 쇼핑몰 MD, 유통업자에게 출시 초반부터 연락이 왔다.

"피부가 차오르는 것 같아요. 굉장히 촉촉해요."

소비자의 좋은 후기도 계속 올라왔고 일부 고객들 사이에서 필러 크림으로 불리기 시작했다. 매출이 조금씩 늘었다. 제품을 더 알리기 위해 다양한 마케팅을 고민했고 하나씩 진행해 나갔다. 출시 몇 개월 후, '필러'라는 용어를 화장품에 사용할 수 없다는 사실을 알게 되었다. 원래 '필러'라는 문구에 대한 세부 규정은 없었다. 하지만 이 단어가 사회적 이슈가 되면서 금지 용어로 정하게 되었던 것 같다. 이처럼 화장품법은 수시로 변경되거나 추가되는 경우가 많아서 늘 신경을 써야만 했다.

큰일이었다. 'MVF 맥시마이징 볼륨 필러'라고 적힌 화장품 용기를 대량 생산해 놓아서 빈 용기가 제조공장에 많이 남아 있었다. 재발주 때 사용하려고 했었는데, 법에 어긋나는 제품명이 인쇄되어 있으니 모두 버려야 하는 상황이었다. 하지만 용기 가격이 한두 푼도 아니고, 그 많은 걸 다 버리고 다시 새로 생산할 만한 만큼 여유 있지 않았다.

'이 제품을 여기서 멈춰야 하나. 필러가 주요 콘셉트인데 이게 안 되면 어떻게 판매하겠어.'

뭔가 다른 방법은 없을까 고민했다.

'MVF의 F를 Filler 말고 다른 약자로 사용할 건 없을까?'

F 중에서 Fitting이라는 단어가 떠올랐다. 볼륨 필러 대신 볼륨 피팅으로 제품명을 바꾸면 얼굴에 딱 맞게 볼륨감으로 채워 준다는 의미로 쓸 수 있다.

"바로 이거야!"

유리 용기 전면 'filler'라고 적힌 자리에 바뀐 제품명으로 인쇄한 은색 라벨지를 붙였다. 용기와 잘 어울리도록 디자이너가 고심해서 만든 라벨지였다. 기존 인쇄된 부분에 붙이긴 했지만, 꽤 자연스러웠고 은색이 멋스럽게 보이기도 했다. 남아 있던 용기를 다 활용해서 판매를 이어갔다. 하지만 역시는 역시다. 필러보다 '피팅'이라는 단어가 흡인력이 약하긴 했다. 매출이 예전 같지 않았다. 고민이 다시 깊어졌다.

어느 날, 일본 에이전트에서 연락이 왔다. 일본 발주처가 '볼륨 피팅 크림'과 똑같은 내용물로 OEM 발주를 하고 싶어 한다고 했다. 그동안 몇 년간 수많은 제품을 제안해 봤지만 선택되지 않았다. 일본 수출은 계속 못 할 줄 알았다. 전혀 예상하지 못한 순간, 기대도 하지 않았던 제품의 발주를 받았다. 첫 OEM 납품을 시작하게 되었다. 내가 만약 이 제품을 중간에 포기했다면, 일본과의 거래를 시작할 기회조차 얻지 못했을 거다.

폐기 처분할 뻔했던 화장품 용기를 되살렸다. 처음 의도와는 틀어졌지만 최선의 방법으로 판매를 이어 나갔다. 몇 개월 수명으로 끝날 수 있었던 제품이 바다 건너 해외로 나갔다. 장애물이 생기고 계획대로 되지 않아도 앞으로 나아가려 노력했더니 생각보다 더 커다란 결과로 이어졌다. 살면서 평탄한 길만 나오지는 않는다. 중요한 건 계속 나아가려는 의지인 것 같다. 가 보지 않으면 막다른 길로 보일 수 있지만 주위를 둘러보며 걸음을 옮기면 훨씬 멋진 길을 찾을 수 있다.

워킹맘 돌파 준비 2단계!

: 움직여서 위기를 극복할 길을 찾아라

1. 앞으로 나가려면 가 보지 않은 길도 가야 한다. 움직여야 길이 보인다.

2. 시도도 안 해 보고 후회할 바에야 해 보고 후회하는 게 낫다. 무엇이 성공을 가져다줄지는 아무도 모른다.

3. 느려도 좋다. 목표를 바라보는 거북이는 용감하게 포기하지 않고 간다.

4. 수많은 실수와 경험이 앞으로 나아가야 할 방향을 알려준다.

나는 용기 내어 한걸음 내딛는 _____ 이다/다.

1. 나는 _____ 성장한다.

2. 나는 _____ 성장한다.

3. 나는 _____ 성장한다.

**엄마 CEO가
배우고 성장하는 시간**

1. 나만의 아티스트 웨이

"나 자신을 보물처럼 대하면 나는 강해질 것이다."

집 화장실 거울에 붙어 있는 문구이다. 직접 손 글씨로 큼직하게 적은 후, 매일 볼 수 있는 곳에 붙여 두었다. 내가 진정 원하는 것, 즐거울 수 있는 일이 무엇인지 찾기로 결심하면서 시작된 나의 첫 행동이었다.

회사를 운영한 지 10년이 되어 갈 때쯤 회사는 어느 정도 기반이 잡혔고 일도 큰 어려움이 없었다. 출, 퇴근하고 육아하며 평범한 워킹맘으로 하루하루를 보냈다. 어느 날 『아티스트 웨이』라는 책을 보면서 생각이 달라졌다. 인간은 누구나 창조성을 가지고 있으며 내면에 숨겨진 나만의 창조성을 일깨울 필요가 있다고 했다. 창조성은 예술가에게나 해당하는 말인 줄 알았는데 일반인도 가지고 있다는 말에 꽤 놀랐다.

'현재 내 모습에서 더 발전된 나를 찾을 수 있다고? 정말 내가 꿈꾸는 내 모습이 이루어진다고? 삶이 더 다채로워질 수 있다고?'

밑져야 본전이었다. 책에서 제시하는 방법이 어렵지 않았고 오히려 재미있어 보여서 따라 해 보기로 했다. 책에서는 일주일에 한 번 이상 나만의 시간을 갖는 아티스트 데이트를 하라고 했다. 매일 회사와 집만을 오가던 나였다. 아이 둘이 어려서, 취미 생활을 할 수도 없었고 자유롭게 약속을 잡기도 힘들었다. 이번에는 나 혼자만의 데이트를 하기로 결심했다. 주말에 남편에게 양해를 구하고 1~2시간만 나갔다 오겠다고 했다.

아직도 내 첫 아티스트 데이트가 생각난다. 좋아하는 음악을 들으며 운전했던 그 시간은 출근할 때와는 기분이 사뭇 달랐다. 목적지가 달라서 그랬나 보다. 하늘에 떠 있는 구름, 길가에 쭉 뻗은 나무와 꽃을 바라볼 여유가 있었다. 마음이 여유로워지니 눈에는 더 많은 게 들어왔다. 서점에 도착해서 평소 보고 싶었던 책을 꺼내 들었다. 온라인에서 구매해도 되는 책을 굳이 오프라인 서점으로 사러 갔다. 몸을 움직여서 나 혼자 외출했던 시간이 얼마나 즐거웠는지 모른다. 내 기분에 집중했다. 내가 가고 싶은 대로 발을 움직였고 보고 싶은 걸 충분히 봤다. 혼자 있으니 짧은 시간이라도 만족감이 꽤 컸다. 평소에는 아이에게만 시선이 갔고 아이 위주로만 생각했다. 혼자 있는 시간이 낯설게 느껴지면서도 가슴이 벅차올랐다.

'너무 좋은데! 앞으로 종종 혼자만의 데이트를 해야겠어!'

육아와 회사 일을 병행해서 하루하루가 바빴다. "빨리빨리"가 입과 몸에 배었다. 내가 만든 틀에 짜인 대로 사는 게 가장 효율적으로 시간을 쓰는 방법이라고 생각했다. 예상과 벗어나는 일이 생기면 인상을 찌푸리고 신경이 예민해졌다. 빨리 해결되지 않는 일에는 조급한 마음이 앞섰고, 뭔가를 기다리는 상황이 힘들었다. 화장품은 여름이 비수기이다. 덥고 습한 계절에는 하나라도 덜 바르기 때문에 화장품 사용이 줄어든다. 매년 똑같이 반복되는 일이다. 알면서도 막상 눈앞에 주문이 줄고 매출이 떨어지는 게 보이면, 어서 매출을 올려야 한다는 생각만 들었다. 마음이 조급해졌다. 하지 않던 광고를 급하게 진행했고 가격 할인을 했다. 기대했던 만큼 효과는 없었다. 쓸데없이 돈만 썼다. 바람 불 때 연을 날려야 더 잘 날아가는 법인데, 바람 한 점 없는 날에 연을 날리려니 힘들게 진만 빠졌다. 여유를 가지고 기다리면서 다음 일을 계획했어야 했다. 바빠서 못했던 일을 여유롭게 처리할 수도 있다. 조급한 마음이 들면 어느 순간 판단이 흐려지고 성급한 결정을 해 버렸다. 그에 따른 모든 책임은 내 몫이 되었다. 당시 내게 필요했던 건 기다릴 줄 알고 즐길 줄 아는 여유로움이었다.

나는 똑같은 코스만 달리는 경주마였다. 눈을 뜨자마자 아침 준비와 출근, 회사일 그리고 퇴근과 육아에만 급급했다. 앞만 보고 달렸다. 아티스트 웨이로 살겠다고 결심하면서 조금 더 즐겁고 다양한 경험을 해 보려고 노력했다. 일과 육아만 하기에는 한 번 사는 인생이 너무 아깝다는 생각이 들었다. 전부터 하고 싶었던 제빵을 배워보기로 했다. 혈당이 올라 갈까 봐 좋아하는 빵과 쿠키를 마음껏 못 먹는 게 늘 속상했다. 내가 먹을 수 있는 레시피로 직접 만들어 보고 싶었다. 오븐부터 장만했다. 늦은 밤 이나 이른 아침에 제빵사가 되었다. 새벽 5시쯤 일어나, 재료를 개량하고 반죽하고 구웠다. 아침부터 집안에 빵 냄새가 진동했다. 우리 집이 마치 제과점이 된 듯했다. 깜깜한 새벽부터 시작했던 베이킹은 나만의 '재미있 는 놀이'였다. 나 혼자 실컷 노는 시간으로 하루를 시작하니 신났다. 즐거 움이 회사와 일상까지 이어졌다. '빼빼로 데이'에는 수제 빼빼로를 만들 어서 남편의 회사 동료들에게 선물했다. 크리스마스가 다가올 때는 특별 한 이벤트를 기획했다. 유튜브에서 크리스마스 쿠키 만드는 법을 독학 후 꽤 많은 양을 만들었다. 예쁘게 포장 후 산타가 되어 동네 지인들에게 직 접 배달했다. 멀리 떨어진 친구와 지인에게는 택배로 보냈다. 갑자기 떠 오른 아이디어를 실행했고, 즐거운 결과가 뒤따랐다. 단조로우면서도 바 쁘기만 했던 삶 속에서 주위에 베풀 수 있는 즐거움이 더해졌다. 내가 먼 저 즐거웠고 나로 인해 주위 사람들이 좋아하니 더 기뻤다.

직접 만든 빼빼로

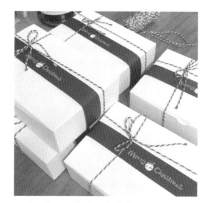
크리스마스 쿠키 만들어 직접 배달

'나만의 아티스트 웨이'는 새로운 아이디어를 떠올리게 했고 실행할 힘을 주었다. 즐길 수 있는 소소한 것을 계속 찾아 나가는 내 모습을 발견했다. 새로운 일을 한번 도전해 보니 그다음이 더 쉬웠다. 일상에 변화를 주고 다양한 이벤트를 만들어 가는 재미를 느꼈다.

'바쁜 와중에 재미라니! 마음에 여유가 생겼나 보다.'

내가 즐거워하면서 행복한 에너지를 내뿜으면 내 주위, 회사와 가정 안에서도 좋은 기운이 감돌았다. 주인공은 나였다. 가정에서도 엄마이자 아내인 내가 즐거우면 가족이 다 같이 즐거웠고, 회사에서도 내가 즐겁고 밝아야 사무실 분위기가 밝았다. 아티스트 웨이로 인해 내 인생이 조금씩 변해 갔다. 일과 사업으로 성공한 것만이 내가 성공하는 방법이 아님을, 내 인생 전체가 즐거워야 완전한 성공이라는 걸 깨달았다.

내가 1순위다.

나는 멋진 아티스트다.

아티스트 웨이로 살아간다.

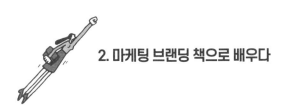

2. 마케팅 브랜딩 책으로 배우다

나는 마케팅과 브랜딩에 문외한이었다. 직장인 시절, 회사 교육을 통해 전문 강사에게 강의를 몇 번 들어봤을 뿐이었다. 대부분 실무 일을 하며 감으로 익혔다. 앞으로 라인을 더 늘리고 브랜드를 키우려면 체계적인 마케팅 이론 정립은 필수였다. 브랜드, 마케팅 관련 책을 여러 권 읽었다. 기본 이론 공부를 했고 다양한 사례를 살펴봤다. 내 제품에 어떻게 적용할 수 있을지 고민했다.

책에서는 공통으로 스토리텔링이 매우 중요하다고 했다. 제품에 함유된 성분, 제품이 가진 효능 효과를 자세히 설명만 하면 되는 줄 알았더니 더 중요한 게 따로 있었다.

소비자는 정보성 내용보다는 감성을 자극하는 내용에 더 움직인다고 했다.

생각해 보니 나도 물건을 살 때는 어려운 용어, 지루한 설명을 정독하기보다는 전체적인 느낌이나 콘셉트를 보고 마음에 끌리는 제품을 구매했다. 지금까지 내가 소비자로서가 아닌 판매자로서 제품을 홍보하고 있었다는 걸 알게 되었다. 마침 신제품 출시를 앞두고 있어서 스토리텔링을 적용해 보았다. 제품명은 '진주 샘 미스트'이었다. 고대에 왕비, 귀족들이 진주 추출물로 피부 관리했다는 이야기를 바탕으로 기획했다. 제품 스토리와 함께 연상할 만한 디자인으로 페이지를 만들어 각 온라인 쇼핑몰에 등록했다. 제품명과 연상되는 이미지가 잘 맞아떨어졌나 보다. 고객들의 반응이 생각보다 금방 나왔다. 판매가 잘 되자, 유명 쇼핑몰 MD가 제품을 보고 쇼핑몰에 런칭하고 싶다고 직접 연락을 해 왔다. 이 제품을 토대로 새로운 쇼핑몰에 입점할 기회가 생겼다. 제품 설명에만 초점을 맞추기보다는 흥미를 끌 만한 스토리를 내세우니, 판매가 잘 되었고 MD의 시선도 끌게 되면서 판로 확대까지 할 수 있었다. 책으로 배우면서 터득한 마케팅 방법, 잘 써먹었다.

소비자의 숨은 욕구와 니즈를 찾아내는 게 중요하다고 마케팅 전문가들은 말한다.

나는 그 니즈를 고객이 올린 제품 사용 후기에서 찾았다. 화장품 정보가 많고 추천이나 리뷰 글이 많은 유명한 온라인 카페는 모두 찾아서 가입했다. 그리고 소비자의 글을 유심히 보았다. 글을 읽어 보면, 고객이 어떤 화장품을 원하는지 기존 제품에서는 어떤 부분이 불만인지 알 수 있었다. 카페와 블로그에 적힌 리뷰에서 고객 니즈와 시장 트렌드를 읽

오늘도 엄마 CEO는 인생 돌파 중

었다. 이 외에도 타깃 제품의 고객 후기를 모아 분석했다.

메이크업 베이스 겸용 선크림을 개발했고 제품명을 '선 베이스'로 정했다. 초반에는 '베이스 겸용 선크림'으로 홍보했지만 큰 효과를 거두지 못했다. 이 키워드는 검색량이 많지 않았다. 즉 고객의 니즈가 많지 않다는 뜻이었다. 홍보 문구를 다시 고민했다. 고객 후기를 통해, 답답한 느낌이 싫어서 자외선 차단제 사용을 꺼리게 된다는 걸 알게 되었다. 마침 내가 개발한 제품은 사용감이 가벼운 타입이어서 고객의 니즈를 충족시키기에 딱 알맞은 제품이었다. 익숙한 '지성 선크림' 키워드는 경쟁이 치열해서 노출되지 않을 확률이 높았다. 고민해서 만든 두 개의 키워드인 '산뜻한 선크림'과 '유분기 없는 선크림'을 내세우기로 했다. 제품명 앞에 키워드를 적었다. 효과가 있었다. 상대적으로 경쟁이 덜 치열한 틈새 키워드를 찾아낸 게 신의 한 수였다. 매출이 조금씩 올랐다. 네이버에서 '유분기 없는 선크림'을 검색할 때 상위에 노출되었다. 노출이 잘 되니 당연히 매출도 더 늘었다. 홍보 문구가 소비자의 클릭을 유도했고 제품이 소비자를 만족시켰다.

"제발 단종시키지 말아 주세요."

가장 인상 깊은 후기다. 제품이 소비자 마음에 들었는지 좋은 후기가 연이어 올라왔다. 후기가 또 다른 매출을 일으키는 홍보 역할을 해 주었다. 선순환이 이어졌다. 결국 선크림은 제품 중에서 재구매가 가장 많은 아이템이 되었다.

나 역시 판매자이면서 소비자다. 내가 원하는 화장품은 무엇인지, 나의 니즈와 대중의 니즈가 비슷한지 소비자 관점에서 생각해 보았다. 내 제품을 색다르게 쓸 방법도 고민했다. 하루에도 수시로 제품을 꺼내어 발라봤다. 얼굴에도 발라 보고 팔과 다리에도 발라 봤다. 여러 번 덧발라도 흡수가 잘 되는지 테스트했고 서로 다른 제품을 섞어서 발라 보기도 했다. 그러면서 내 머릿속에 아이디어가 떠올랐다.

여름이 다가오고 있었고 사람들의 바지 기장은 점점 짧아졌다. 당시 시중에서는 다리에 바르는 젤 크림이 인기였는데, 바르면 열이 나면서 즉각적인 슬리밍 효과를 주었다.

'다리가 날씬해 보이는 것 이외에 또 다른 숨겨진 고객의 니즈는 뭘까?'

나 자신을 바라보았다. 어렸을 때 생긴 지워지지 않은 무릎 흉터, 늘 가리고 싶었다.

'얼굴 잡티만 가릴 게 아니라, 다리 잡티도 가리고 싶은 니즈가 있지 않을까?'

제품 중 피부에 수딩 효과를 주는 '알로에 젤'과 미세한 펄이 들어있고 커버력이 좋은 '비비크림'을 섞어서 다리에 발랐다. 촉촉하면서도 가볍게 잘 발렸다. 게다가 다리가 맨살일 때보다 연한 구릿빛이 나면서 매끈해 보였다. 감추고 싶은 흉터도 잘 보이지 않았다. 내 다리를 모델 삼아, 두 개의 제품을 섞어 사용하는 방법을 페이지로 만들었다. 지금까지 시도해 보지 않은 색다른 제품 페이지를 완성했다.

오늘도 엄마 CEO는 인생 돌파 중

첫째, 다른 제품에서 찾아볼 수 없는 독특한 사용법이었다.

둘째, 재미가 있었다.

셋째, 두 제품을 따로 또 같이 사용할 수 있어서 활용도가 높았다.

새로운 기획을 통해 두 제품이 동시에 매출이 늘었다. 제품 한 가지만 판매될 때보다 여러 개 제품이 함께 판매되면 매출액과 수익률이 더 높아졌다. 반짝 매출을 끌어올렸다. 단지 갑자기 떠오른 순간적인 생각으로 운이 좋았던 것일까? 평소에 제품을 옆에 끼고 끊임없이 발라 보고 고민한 결과라고 생각한다. 마케팅 방법은 많지만 가장 중요한 것은 제품에 관한 관심이다. 내 제품에 대해 제대로 알아야 효과적인 홍보 전략이나 매력적인 스토리를 만들 수 있었다. 광고비에 투자를 많이 못 하고 전문적인 이론 지식은 부족해도 제품에 관한 관심으로 매출을 끌어올릴 방법은 있었다.

전문 마케팅 교육을 충분히 받지는 못했지만, 기본적인 이론은 여러 권의 책을 통해 공부했다. 실전에 부딪히면서 홍보 방법을 터득했다. 내가 먼저 제품을 애용했고 소비자와 판매자로서 끊임없이 고민했다. 좋은 아이디어가 나왔고 더 나은 홍보 방법을 찾을 수 있었다. 제품에 관한 관심을 가지고 고객 니즈를 파악해서 나만의 스토리로 풀어냈다. 시장 트렌드와 고객 니즈는 매번 바뀐다. 항상 관심을 기울여야 하고 유연하게 대응해야 한다.

　더 많은 고객에게 제품을 잘 알릴 수 있도록 나만의 마케팅 공부는 계속되고 있다.

오늘도 엄마 CEO는 인생 돌파 중

3. 글로벌 시대의 돌파력은 영어다

'내가 유창하게 영어를 할 수 있다면 좋을 텐데.'

해외 전시회에 나가면 주로 하는 일이 바이어, 소비자와의 상담이었다. 수많은 사람이 부스 앞을 오갔다. 간략하게 영어로 제품 설명을 하며 관심을 유도했다. 전시회 참가 하루 이틀 전, 미리 영어로 번역한 제품 설명을 암기했다. 외운 대로 설명했고 판매도 했다. 그러나 좀 더 깊은 대화를 하기에는 부족했다. 돌발 질문이나 무역 전문 용어가 나오면 대응하기가 어려워 아르바이트로 채용한 통역사의 도움을 받았다. 전시회에 참가할 때마다 부족한 영어 실력 때문에 답답했다. 수출에 그렇게 목매면서 왜 나는 여전히 영어 앞에서는 위축될까. 실무에서 필요한 영어를 잘해야만 하는 이유는 충분했다.

"영어를 하면 대화할 수 있는 인구수가 엄청나게 늘어나."

어느 날 TV에서 가수 보아가 한 말이다. 이 한마디에 정신이 번쩍 들었다. 영어 하나를 제대로 하면 세계 어디를 다녀도 두렵지 않을 것 같았다.

'어쩌면 지금 내 삶과 앞으로의 꿈도 우리나라라는 테두리 안에 갇혀 있는 게 아닐까?'

내가 영어를 편하게 하면 삶에 대한 사고 반경이 훨씬 넓어질 수 있겠다는 생각이 들었다.

"회사 일이 바빠서, 힘들어서, 시간이 없어서."

영어 공부를 미루는 이유는 참 많다. 그러니 매번 작심삼일이었다. 아이 둘을 낳고 '엄마표 영어'에 빠졌다. 내 아이는 학창 시절 내내 공부해도 입 뻥긋 못하는 나처럼은 되지 않기를 바랐다. 엄마표 영어는 어렸을 때부터 영어를 많이 들려주고 읽어 주어 영어를 모국어처럼 자연스럽고 쉽게 습득하도록 하는데 목표가 있다. 그 중심에는 엄마가 있을 수밖에 없었다. 엄마가 책을 읽어 줘야 했고, 여러 콘텐츠를 적재적소에 제공해야 했다. 이미 전부터 영어에 목마름이 있었기 때문에 이 기회에 나도 함께 열심히 해 보기로 했다. 아이 교육에 중요하다고 생각하니, 오히려 동기가 더 확고해졌다. 키즈 영상인 '까이유' 스크립트를 전부 필사하고 쉐도잉 했다. 아이와 대화할 수 있는 영어 회화 책도 달달 외워봤다. 매일 공부했지만 입이 트이는 데는 한계가 있었다. 더 좋은 영어학습 방법을 찾아다녔다. 어느 날 유튜브에서 '갓주아' 영상을 보게 되었다.

'영어 소리를 자세히 설명해 주네? 따라 하면 내 영어 발음도 좋아지겠

는데?'

첫 영상을 보자마자, 내가 원했던 방법이라고 생각했다. 나는 대학교 입학 전에 종로에 있는 중국어 회화 학원에 다녔다. 두 달간 배우면서 중국어의 정확한 발음을 익혔고 일상 표현들이 입에서 줄줄 나오는 경험을 했다.

'언어는 이렇게 배워야지. 자꾸 귓가에서 울리고 입이 근질근질해서 중국어가 튀어나오네. 영어를 처음부터 이렇게 소리부터 알려줬으면 얼마나 좋아.'

짧은 기간에 생전 처음 배워 보는 중국어가 몇 년간 배웠던 영어보다 입에서 먼저 튀어나왔다. 갓주아 선생님이 운영하는 '소리튠 영어'에서 배운다면 중국어처럼 금방 영어를 잘할 수 있을 거라는 확신이 들었다. 발성, 음소, 리듬, 강세, 에너지 흐름과 호흡까지 알려주는 모든 것이 신세계였다. 왜 그동안 내가 말하는 소리를 상대방이 못 알아듣고, 원어민이 하는 얘기를 내가 못 알아들었는지 이해가 되었다. 이른 새벽과 아이들이 모두 잠든 밤에 영어 소리 훈련을 했다. 매일 꾸준히 했고 내 소리는 점점 좋아졌다. 일정 수준 이상이 되면 '에이스'라는 자격이 주어졌는데, 꾸준히 훈련해서 나도 에이스가 되었다. 그 후 오픽 스피킹 시험을 준비했다. 오픽(OPic)은 대기업이나 회사에서 요구하는 영어 자격증 시험이다. 나에겐 필요 없는 자격증이었지만, 주아 선생님이 오픽에 도전해 보라고 권유했다. 변화된 영어 소리로 높은 오픽 점수를 받고 자신감을 한껏 올려보라고 했다. 4~5개월을 준비해서 도전했다. 스크립트를 만들어서 내 입에서 유창하게 나올 수 있을 때까지 연습했다. 영어권으로 해외 연수 한 번 안 다녀온 영알못인 내게는 훈련이 굉장히 힘들었다. 포기하고 싶었고 좌절한 순간도 많았다. 무엇보다 시간이 부족해서 잠을 줄여가며 연습할 수밖에 없었다. 주제별로 1~2분 정도 쉬지 않고 말할 수 있을 정도로 훈련했다. 오픽 최고 등급 AL을 목표로 시험을 보았지만, 바로 아래 등급인 IH 등급을 받았다. 오픽의 '오'자도 모르던 내가 IH를 받은 건 선방한 거다. 주아 선생님이 이 점수는 대기업 점수라고 자신감을 북돋아 주었다. 두 어깨에 뽕 하나씩 장착했다. 한 문장도 더듬더듬 말했던 내가 한 문제당 1분 이상을 후루룩 끊임없이 말할 수 있었고 시험시간 30분 내내 영어로 떠들었다. 오픽이 아니었다면 한국 살면서 내가 30분씩이나 영어로 말할 기회는 찾기 힘들 것이다. 영어로 실컷 말하고 나니, 영어 스피킹에 대한 갈증이 조금은 풀렸다. 물론 암기와 연습을 통해 나온 아웃풋이었지만 영어를 접하고 처음 맛보는 신선하고 좋은 경험이었다. 전부터 영어로 막힘없이 말하는 내 모습을 꿈꿔 왔다. 그 꿈의 일부는 오픽 시험으로 이뤘다.

여전히 영어를 훈련하고 있다. 몇십 년에 걸쳐 장착된 잘못된 소리가 짧은 기간 안에 쉽게 바뀌진 못한다. 긴장을 늦추면 힘겹게 교정한 소리가 다시 틀어질 수 있다. 매일 밥을 먹듯이 소리 훈련도 매일 하기로 했다. 아이들에게도 꾸준히 영어책을 읽어 주고 있다. 몇 년 전보다 정확한 소리로 읽어줄 수 있어 기쁘다. 내가 영어 훈련하는 모습을 아이가 본다. 우리 집에서는 가족 모두가 영어 공부를 하고 영어책을 읽고 영어 영상을 보는 게 일상이 되고 루틴이 되었다.

얼마 전 19년 만에 고등학교 친구를 만났다. 내가 영어 공부하고 있다고 하니 그럴 줄 알았다고 했다.

"너 고등학생 때 영어 좋아했잖아. 주일마다 영어예배까지 다녔던 거 기억나는걸. 영어가 얼마나 좋으면 그랬겠어."

"아. 내가 그랬구나."

친구 덕분에 잊고 있었던 기억이 떠올랐다. 영어는 예전부터 나랑 떼어 내려야 떼어 낼 수 없었다. 앞으로도 영어를 꾸준히 공부하고 훈련하려고 한다. 향후 나는 글로벌하게 내 꿈을 펼치고 싶다. 영어가 더 이상 장애물이 아닌 오히려 더 폭넓은 기회를 줄 수 있기를 바란다.

4. 발품 팔지 않으면 얻을 수 없다

매주 화장품 소식을 메일로 받는다. 소식지를 통해 타 업체 소식, 법규, 화장품 시장 상황 등을 전반적으로 살펴본다. 법 규정에 위반되는 행위로 인해, '판매 업무 정지' 혹은 '광고 업무 정지' 처분을 받은 업체들이 매달 공지 되었다. 자신의 제품을 홍보하기 위해 판매자는 자극적인 문구를 쓰게 되는데, 실증자료가 없을 시 대부분은 법에 어긋나게 된다. 약 15년 전부터는 중소기업이 화장품 산업에 진출하여 성공하는 사례가 많았다. 이후 다른 업종 회사와 개인들이 앞다투어 시장에 뛰어들면서 화장품 회사가 폭발적으로 늘었다. 이를 관리하려는 차원에서 10년 전부터 화장품법은 점점 까다로워졌고 규제 내용이 끊임없이 추가되고 있다. 하지만 기존 법안, 수정, 추가 법안을 관심 있게 살펴보지 않으면 지나치기 쉽고 무지 상태로 운영하게 되는 경우가 많았다. 실제로 관련 업종의 담당자들이 기본적인 법규 내용도 모르면서 일을 하는 경우를 종종 보았다. 식약처의 모니터링에 걸리면 과태료 혹은 업무 정지 처분을 받을 수 있다. 법은 교과서처럼 친절하게 설명해 주지 않는다. 내용 자체도 어렵고 어디서부터 적용해야 하는지 모르는 경우도 많다. 매년 두 번 정도 식약처에서 정책 설명회를 한다. 나는 대부분 참석했다. 식약처 담당자가 직접 설명하기 때문에 정부에서 중점적으로 규제하려는 것과 앞으로의 계획을 모두 들을 수 있었다. 식약처에서 웹 사이트에 공지했지만 내용을 이해하고 바로 적용하기가 쉽지 않았다. 직접 가서 들으면 훨씬 이해하기가 쉬웠다. 단속에 걸리면 일정 기간 판매 업무 정지 또는 광고 업무 정지 처분을 받는다. 만약 인기 품목으로 업무 정지 3개월 처분을 받는다면, 회사가 휘청거릴 게 분명했다. 내가 더더욱 법에 신경 쓰는 이유였다. 법을 모르고 행하는 것도 역시 위법이기에 법을 정확히 알고 있어야 했다. 그 책임은 온전히 내가 지기 때문에, 최소한 무지로 인해 회사가 힘들어지는 상황을 만들지 말아야겠다고 생각했다. 규제 사항을 살펴보는 건 귀찮고 번거로운 일이지만 매우 중요하다. 가만히 앉아 있으면 누가 알아서 숟가락으로 떠먹여 주지 않는다. 내가 직접 알아보고, 설명회도 다녀오고 살펴봐야 한다. 법 테두리 안에서 회사를 운영해 나가는 게 내 할 일이었고, 그러려면 나는 계속 움직여야 했다.

온라인 시장을 항상 주시했다. 온라인 쇼핑몰, 신제품, 인기 상품, 경쟁사, 시장흐름, 고객 반응, 마케팅 방법 등 온라인 안에서도 확인해야 할 게 많았다. 지금은 쿠팡과 네이버가 1, 2위를 다투는 온라인 시장이 형성되었다면, 그 이전까지 약 10년간은 온라인 쇼핑몰의 춘추전국시대였다. 그러다 보니 쇼핑몰과 화장품 회사의 교류가 활발했다. 협업으로 프로모션도 자주 진행했다. 나는 직원 시절부터 회사 대표님과 함께 각 쇼핑몰 MD와의 미팅에 참석했다. 당시 최고 종합쇼핑몰이던 여인 닷컴은 물론, 현대H몰, 예스24, 체리야, 지마켓, 11번가 등 안 가본 곳이 없었다. 확실히 여러 사람을 만나야 정보를 많이 들을 수 있었다. 각 쇼핑몰의 특성과 전체적인 온라인 흐름을 파악하는 데 도움이 되었다. 이런 경험 덕분에 내 회사를 운영해 나가면서도 새로운 쇼핑몰이 생기면 MD를 먼저 만났다. 특히 쿠팡은 초반에는 MD의 결정권이 컸기 때문에 한 달에 한 번씩은 미팅하려고 했다. 짧은 시간 안에 큰 성장을 하면서 변화가 꽤 많았던 쿠팡이었다. 이미 입점했거나 입점을 원하는 판매자들의 혼란도 있을 수밖에 없었다. 담당자와 미팅하면 회사 내부에서 나오는 정확한 정보를 알고 대응할 수 있었다.

조금 더 부지런히 움직이면 남들보다 더 빠르게 다음 계획을 잡아나갈 수 있었다.

온라인 전용 제품을 판매했지만, 오프라인 시장도 함께 파악하려 애썼다. 백화점도 가 보고 로드샵도 돌아봤다. 매해 국내에서 화장품 전시회가 열릴 때마다 참관했다. 전체 시장흐름을 파악해야 했다. 용기 재질과 향, 사용감 등은 직접 눈으로 보고 발라 봐야 정확히 알 수 있었다. 탑 브랜드가 화장품 시장을 주도하며 트랜드를 만들어 낸다. 나는 변화하는 트랜드를 파악하고 그 흐름에 따라갈 수 있게 준비해야 했다. 직접 뛰어다니면서 신제품의 방향성을 그렸고, 나만의 제품으로 기획했다. 제품을 출시한 후 소비자의 반응이 좋으면, 발로 뛴 보람이 있었다.

끈질기게 연락해 오는 블로그 대행업체가 있었다. 브랜드 블로그를 만들어 홍보해 주겠다고 했다. 지금껏 성공한 사례들을 보여주면서 나를 설득하려 했다. 나는 홍보 대행업체는 큰 효과가 없을 거라 판단했다.

'내 제품을 내가 홍보해야지 왜 남에게 맡기나.'

그러나 정작 나는 홍보하는 법을 잘 몰랐고, 자칭 전문가라고 하는 업체가 더 낫겠다는 생각으로 기울었다. 담당자는 1년이 넘도록 연락해 왔다. 노력이 가상했다. 이 정도의 열정이라면 맡겨도 되겠다 싶었다. 1년 계약을 맺고 진행 시켰다. 그러나 기대와는 달리 블로그 방문자 수가 빠르게 늘지는 않았다. 매출로 연결되는 부분도 적었다.

'그럼 그렇지.' 실망하던 어느 날이었다. 사무실로 '내용 증명서' 등기가 왔다. 블로그 대행업체가 조회 수와 방문자 수를 늘리기 위해 제품을 홍보하는 글에 특정 여배우 이름과 사진을 올려놨다. 마치 내 제품과 연관있는 것처럼 말이다. 여배우 소속사가 초상권 침해로 손해배상청구를 하겠다고 했다. 이게 무슨 마른하늘에 날벼락인지, 얼른 블로그 대행업체 담당자에게 연락했다. 담당자는 본인이 얼마 전 회사를 그만두었다면서 회사로 연락하라고 했다. 회사에 연락하니 퇴사한 담당자 핑계를 대며 회피하기 바빴다. 대행업체가 글을 적었지만, 블로그 소유자인 내가 책임을 져야 하는 상황이었다. 어떻게 대응해야 할지 몰랐다. 변호사를 구해야 하는지, 아니면 손해배상금을 내야 하는지 머릿속에 걱정만 가득했다. 태어나 처음 겪는 일이었고, 법원까지 가야 하는 줄 알고 심장이 두근두근했다. 이사님이 나섰다. 내용 증명서를 받았을 때의 대처 방법을 나보다는 잘 알고 있었다. 상대측에 연락을 취하며 합의하자고 했다. 상대 소속사도 일이 복잡해지는 게 싫었나 보다. 다행히 소액으로 원만하게 해결할 수 있었다. 결국 블로그 대행업체에 지출한 홍보비는 물론이고 피해보상금도 지불해야만 하는 이중고를 겪었다.

블로그는 쳐다보기도 싫었다. 몇 달을 손을 놨다. 그러나 아무리 생각해도 블로그는 적은 금액으로 효과를 볼 수 있는 좋은 홍보 수단이었다. 내가 직접 해 봐야겠다고 생각했다. 방법을 찾던 중 블로그 전문 마케팅 강사를 알게 되었고 오프라인으로 강의한다기에 얼른 신청했다.

'그래. 이것도 내가 직접하고 만다.'

20명 정도 수강생과 함께 강의를 들었다. 직원 직급도 있었지만 대부분 사장이 직접 들으러 왔다. 품목도 가지각색이었다. 신발, 의류, 식품 등 다양했고 이미 블로그 홍보를 통해 꽤 큰 수익을 가져가는 분도 있었다. 이렇게 다들 자신의 아이템을 홍보하겠다고 멀리서 강의 들으러 오는 걸 보며, 나도 앞으로 더 활발하게 움직이고 찾아다니며 배워야겠다

오늘도 엄마 CEO는 인생 돌파 중

는 생각이 들었다. 블로그 전문 강사에게 배운 대로 하나씩 적용해 보았다. 방문자 수가 차츰 늘었다. 블로그를 통해 쇼핑몰로 유입되어 구매하는 고객이 생기기 시작했다. 돈을 들여 배운 보람이 있었다. 오히려 블로그 대행업체에 준 금액보다 훨씬 저렴한 금액으로 내가 직접 익혔고 효과는 더 컸다. 역시 내 제품을 제일 잘 아는 사람이 홍보를 더 잘할 수 있다는 내 생각은 맞았다.

결국 그 일은 내가 해야 했다. 내가 좀 더 바쁘게 움직여야 했다.

5. 새로운 능력은 관계에서 나온다

이사님과 내가 함께 일한 시간은 10년이 훨씬 넘는다. 오전 9시부터 6시까지 거의 매일 9시간을 붙어 있었으니, 서로에 대해 매우 잘 알아서 척하면 척이었다. 나보다는 경력도 연륜도 많은 분이라 회사를 운영하는 데 큰 힘이 되었다. 지금은 함께 회사를 꾸려가는 가족이나 다름없다. 처음부터 잘 맞았던 건 아니었다. 불꽃 튀기는 신경전이 셀 수 없을 정도로 많았다.

"그건 우리 과실이 아니잖아요! 근데 그렇게 상담하면 어떡해요? 자꾸 원칙을 무시하면 안 되잖아요."

이사님의 통화가 끝나기가 무섭게 쏘아붙였다.

"아니 그게 아니라, 상황이 그랬어. 상대방이 어떻게 얘기했는지도 모르고 옆에서 듣기만 하고 그렇게 얘기하지 말고."

"제가 그렇게 상담하는 거 봤어요? 회사 규정이라는 게 있는데 복잡해지기 싫으니까 그렇게 하면……."

"그럼, 직접 하지 그랬어!"

안 좋은 감정이 먼저인지, 일에 대한 불만이 먼저인지 알 수 없을 정도로 대화는 하면 할수록 꼬여 갔다. 누구 하나가 문을 박차고 나가야 살얼음판 위를 걷는 듯한 대화가 끝났다. 이미 기분은 바닥을 찍었다. 급한 업무만 끝내고 사무실을 나왔다. 서늘한 기운이 가득한 그 공간에서 빨리 벗어나고 싶었다.

"오늘 어머님 모시고 병원에 다녀와야 해.", "딸이 어디를 간다고 해서 좀 데려다주고 올게.", "가족끼리 여행 좀 다녀오려고."

미혼 시절, 회사가 안정되지 않아 매출과 거래처 결제 때문에 예민할 때였다. 아침 일찍 출근해서 밤늦게까지 사무실에 앉아 있으면서 돌파구를 찾으려는 노력은 나만 하는 것 같았다. 이사님은 집안일이 왜 이렇게 많은지 왜 자꾸 결근하는 건지 이해가 안 되었다. 나만큼 회사 일에 간절하지 않다는 생각이 들면서 불만이 쌓였다. 말 한마디도 곱게 나가지 않았고 쓸데없는 감정싸움이 잦았다. 함께 일하면서 부딪칠 요인은 많았다. 성격, 말투, 우선순위, 일하는 스타일이 모두 달랐다. 하지만 계속 이렇게 지속할 수는 없었다. 내부에서 분란이 있는데 어떻게 회사가 잘 될수 있을까. 회사의 성장을 위해서라도 얽힌 관계를 무조건 풀어야 한다고 생각했다. 물론 쉽지는 않았다.

끊임없이 대화했다. 대화의 끝이 안 좋으면 다음 날 다시, 그다음 날 다시 계속 대화해 나갔다. 꽤 많은 시간이 필요했다. 몇 달 이상이 걸렸다. 풀리지 않을 것 같은 실타래는 조금씩 풀어졌다. 회사를 키우려는 마음 하나는 같다는 걸 정확히 알게 되었다. 금이 갔던 신뢰는 다시 생겼다. 서로가 충분히 시너지를 낼 수 있는데, 감정과 시간 낭비는 누구에게도 도움이 되지 못했다. 내가 결혼하고 가정을 꾸리면서 상대의 입장을 더 자세히 살필 수 있었다.

'미혼과 기혼은 생활이 이렇게 다르구나.'

예상치 못한 집안일이 끊임없이 발생했고, 가정에 문제가 생기면 회사 일이 손에 잡히질 않았다. 집안일이 해결되어야 회사 일도 잘 풀어 갈 수 있다는 것을 몸소 느꼈다.

경험해 보지 않은 건 제대로 알 수 없었다.

매일 긴 시간 동안 한 공간에 있으니 업무뿐만 아니라 개인적인 대화도 꽤 많이 나누게 되었다. 서로를 잘 알게 되니 편하게 고민도 툭 터놓고 말할 수 있었다. 이사님은 세심하게 사람의 감정과 상황을 바라보는 장점이 있었다. 언제나 제3자의 입장에서 내게 도움이 되는 말을 해 주려 애썼다. 회사 업무 외에도 내가 엄마로서 아내로서 딸과 며느리로서 역할을 잘할 수 있게 옆에서 응원도 많이 해 줬다. 내가 일이 생길 땐 빈자리를 이사님이 채워 준다. 나와 함께 10년 이상을 흔들림 없이 자리 지켜 준 이사님은 가족이나 다름없다. 그 길고 긴 시간 속에서 신뢰가 바탕이 되었고 서로의 목표가 같으니, 시너지만 제대로 내면 된다.

나와 같은 생각으로 같이 일하는 사람이 있으니 덜 외롭고 얼마나 좋은가!

"결혼하면 손에 물 한 방울 안 묻히게 해 줄게."

보통 남자들이 결혼 전 예비 신부에게 많이 하는 말이라던데, 남편은 이런 말을 내게 단 한 번도 한 적이 없었다. 지키지 못할 약속은 안 한다며 현실적으로 말이 안 되는 소리라고 했다. 그래서 나는 결혼 후 공주처럼 살 환상은 꾸지도 않았다. 결혼한 지 10년이 다 되어 간다. 신혼 때부터 모든 집안일은 함께 했다. 집안일이 어느 한 사람의 일이 아니고 부부 두 사람의 공동 몫이라는 남편의 생각과 행동은 변함이 없다. 덕분에 좀 더 편하게 회사 일에 집중할 수 있었고 집에 와서도 적당히 휴식을 취할 수 있었다. 요즘에는 내가 두 번째 직업이 생기면서 집에서도 일하는 시간이 늘었다. 그러다 보니 남편이 집안일을 더 많이 도맡아 하고 있다. 바뀌는 상황과 환경에 따라 남편은 부족한 부분을 알아서 채워 준다. 결혼하면 손에 물 한 방울 안 묻히게 해 준다는 달콤한 말보다 훨씬 값지다.

신혼 때 말다툼하다가 점점 흥분되어 말이 심하게 나갔다. 그랬더니 남편이 하는 말,

"자기가 그렇게 얘기하니, 내가 기분이 안 좋네. 서운하다."

순간 나는 멈칫했다. 보통은 내가 상대방을 공격하면 상대방도 그 말

을 받아쳐서 나를 공격할 텐데, 남편은 그러지 않았다. 나의 말 한마디로 인해 상처받은 자기의 마음 상태를 내게 알렸다. 더 이상 싸움을 지속할 수가 없었다. '앗, 내가 심했나?' 하고 나 자신을 돌이켜 보았다. 상황은 더 심각해지지 않았고 말 한마디가 주는 영향이 얼마나 큰지 제대로 느꼈던 사건이었다. 남편은 늘 내게 말한다. 가까운 가족일수록 더욱 말을 조심하고 아껴야 한다고 말이다. 몸소 실천하고 있는 남편을 보며 배우는 중이다.

나는 본래 누군가와 함께 협력하는 것보다 나 혼자 일을 해 나가는 게 편한 스타일이었다. 혼자 하면 이견을 조율할 필요도 없고 상대방과 내 속도를 맞추느라 노력할 필요도 없다. 목표를 정하면 내 의지만 있으면 된다. 그래서 누군가의 도움이 크게 필요하다고 생각해 본 적이 없었다.

'소리튠 영어'에서는 전반적으로 영어 소리를 바꾸는 훈련을 한다. 마치 학습이 아닌 운동 훈련 같다. 매일 꾸준히 해야 하지만 때로는 힘들어서 좌절하고 지칠 때가 많았다. 소리튠 커뮤니티에서는 회원들이 서로 칭찬을 아낌없이 해 주었다. 하루는 문장 하나를 100번 넘게 연습했지만, 마음에 들지 않았다. 그래도 인증은 해야 해서 녹음파일을 커뮤니티에 올렸다. 회원들이 내 소리가 정말 좋다며 칭찬 댓글을 달아주었다. 내용도 가지각색이었다.

"내 목소리랑 바꾸고 싶어요.", "소리가 명료해요.", "영어 소리가 정말 멋지시네요."

바닥을 찍었던 기분은 이미 사라졌고 자신감을 되찾았다. 오히려 즐거운 마음이 가득했다.

'함께 한다는 건 이런 거구나!'

벌써 포기를 해도 100번을 했을 텐데, 회원들의 응원 덕분에 끝까지 해낼 수 있었다. 함께 훈련 하고 응원해 주는 힘이 이토록 크다는 걸 처음 느껴봤다. 코로나 때문에 오프라인 모임은 사라져갔고, 사람과의 접촉을 극히 꺼리던 시기에 온라인에서 내게 힘을 주는 사람을 만났다. 얼굴 한 번 본 적이 없는데도 응원해 주고 격려해 주며 함께 기뻐해 주었다. 김미경의 『리부트』 책에서 말하는, 코로나로 멈춘 나를 다시 일으켜 세우는 방법의 하나는 '가슴을 뛰게 하는 사람을 만나라'라는 것이다. 책을 읽을 당시에는 현실적으로 새로운 사람 만나는 게 쉽지 않다고 생각했다. 회사와 집에 메여 있는 내가 새로운 모임에 나갈 수 없었다. 그러던 내가 코로나 시기에 소리튠 영어 온라인에서 멋진 사람들을 알게 되었다. 1년, 2년 관계를 지속시키면서, 같거나 혹은 다른 목표를 향해 함께 뛰어가고 있으며 서로를 이끌어 주고 있다. 좋은 자극을 주는 멋진 인연이 내 옆에 있어서, 나 혼자서 할 수 있는 능력보다 더 많은 걸 해내는 중이다.

Ace3_민

👏👏 요거 힘드시죠? 저도 요 문장만 마르고 닳도록 연습했었네요 ㅠㅠ 미선님 문장은 참 편하게 들려요👍👍 내일도 기대할께용♡

2022년 2월 4일 ☺ 💬

AH_sanchon25_Sky Never give up because gre...

아~~정말 얼마나 연습했으면 이렇게 자연스럽고 여유있게 할 수 있을까 생각했죠. 갖은 찬사를 다 쓰고 싶은데! 말이 참 짧네요. 아무튼 최고~~예요.

AM_sungheedream83_Lucy

우와~~ 정말 우와 밖에 안나와요👍👍👍 멋지십니다 😍

2022년 4월 8일 ☺ 💬

AH_heru018_mani

미선님 소리에 거품 껴 있었다면서요
언빌리버블 ㅎㅎ
미선님의 신들린듯한 폭풍 랩핑~~~
오늘도 귀호강 하고 갑니다^^

2022년 3월 24일 ☺ 💬

소리튠 영어 커뮤니티에서 응원 댓글

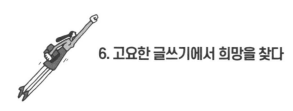

6. 고요한 글쓰기에서 희망을 찾다

알람 소리를 듣고 겨우 눈을 떴다. 가족은 모두 자고 있다. 밖은 아직 해가 뜨지 않아 어두웠고 고요했다. 물 한 잔 마신 후 모닝 글쓰기 공책을 펼쳤다. 무슨 내용을 적을지 미리 생각하지 않았다. 갑자기 떠오른 생각으로 첫 줄을 시작하는 게 모닝 글쓰기 방식이었다. 이른 아침 고요한 적막은 내 마음과 머릿속 내용을 꺼내기에 좋았다.

글을 쓰면서 과거를 돌이켜 봤다. 내가 그동안 살면서 잘못된 선택을 되풀이하고 있었다는 걸 알게 되었다. 대학 졸업 후 원래는 교육대학원에 들어가려고 했다. 4학년 1학기가 끝나고 갑자기 대학원에 가기 싫어졌다. 교육대학원에 가지 말아야 하는 이유가 여러 개 있었다.

'대학원 공부 힘들게 했는데 임용고시에서 떨어지면 어떡하지? 그럼, 정말 시간 낭비, 돈 낭비잖아. 요즘 교사는 일하기 힘들다던데, 대학원 학비도 내가 마련해야 하잖아. 돈은 언제 벌고 공부는 언제 하지?'

대학 4년 동안 생각했던 진로를 막판에 바꿨다. 더 이상 시간 들여 공부하고 싶지 않았다. 빨리 돈을 벌고 싶었다. 하지만 갑자기 진로를 바꾸어서 구직 준비를 제대로 할 시간이 없었다. 대기업에 입사하는 건 애초에 포기했다. 주위 소개로 과외도 하고 잡다한 일을 하다가 작은 화장품 회사에 입사했다. 몇 년 후 회사를 창업했다. 현시점에서 어찌 보면 인생이 잘 풀렸다고 생각할 수도 있을 것 같다. 하지만 사업 초기에는 굉장히 힘들었고, 어쩌다 내가 이렇게 힘든 길을 걷게 되었는지 자신을 한탄한 적이 많았다.

다른 과거 경험도 마찬가지였다. 내가 중요한 선택을 해야 하는 갈림길에 서면 목표를 향해 가던 마지막 순간에 포기하거나 회피하곤 했다. 글을 쓰면서 비로소 내 잘못된 과거의 패턴을 알 수 있었다.

'아! 바로 그거였구나! 나는 자신이 없었던 거야. 마지막 관문을 뛰어넘고 도전하는 게 두려웠던 거구나. 그래서 갖가지 핑계를 찾으며 다른 길로 돌아갔어. 당시의 나는 아니라고 부정했지만 사실 나는 포기를 했었던 거야.'

인생 갈림길에서 쉬운 선택을 했다. 꿈 앞에서 포기하는 패턴을 반복하고 있었다. 나 자신이 한없이 못나 보였고 한심해 보였다. 그래서 인생이 힘들었다는 걸 알게 되었다. 다 내가 선택한 거였다. 포기의 길로 들어가면서 뒤따라오는 좌절은 더욱 컸다. 내가 저지른 일을 견디고 살아와야만 했다. 처음엔 나 자신이 바보 같다고 생각하다가 곧이어 내가 몹시 불쌍하게 느껴졌다.

'어떻게 그 힘든 걸 견디고 살았니. 조금 더 쉬운 아스팔트 길일 줄 알았는데, 제대로 길도 나 있지 않은 곳으로 간 거였구나. 고생했다. 이만큼 살아오느라 애썼어.'

미처 몰랐던 내 약점과 잘못된 선택을 알게 되었다. 앞으로는 절대 같은 실수를 반복하지 않기로 결심했다.

목표를 정하면 끝까지 가기로 했다.

힘든 시련을 다 겪으며 여기까지 왔는데 못할 게 뭐가 있겠냐며, 앞으로 남은 내 인생에서는 좀 더 멋지게 도전해 보자고 글로 꾹꾹 눌러쓰며 다짐했다.

모닝 글쓰기 주제로 꿈을 적으라고 할 때 한동안 글을 써 내려가지 못했다. 도무지 생각나는 게 없었다. 나 자신에게 놀랐다.

'꿈 많던 나, 어디로 간 거지?'

학창 시절에는 꿈이 참 많았다. 하고 싶은 것도 많고 되고 싶은 것도 많았다. 주위로부터 열정이 많다는 소리를 자주 들었다. 언제부터였을까. 사회에 적응하기 위해 발버둥 치고 애쓰며 살아오면서, 내 꿈은 사라져 버렸나 보다. 꿈꾸는 게 세상에서 제일 쉬웠는데, 이젠 단 한 글자도 적을 수 없었으니 말이다. 이런 나 자신이 낯설었다. 그래도 적어야만 했다. 머리를 쥐어짜 보고 정확하지 않더라도 대충 떠오르는 것들을 적었다. 빈칸을 채운다는 생각으로 적어나갔다. 모닝 글쓰기를 100일 넘게 하루도 빠짐없이 했다. 점점 시간이 지날수록 꿈을 적고 상상하는 게 재밌어졌다.

'그냥 꿈만 꾸는 건데 뭐가 어려워. 생각나는 거 다 적어보지 뭐.'

회사에서는 바쁜 일 처리하랴, 집에 오면 아이들 챙기고 집안일 하랴, 나를 돌아볼 시간은 전혀 없었다. 꿈이 웬 말인가. 하루하루 살아가는 게 바빴을 뿐이었다.

모닝 글쓰기를 하는 새벽 1시간은 마음껏 상상의 나래를 펼칠 수 있었다.

10년 후의 내 모습, 20년 후의 내 모습은 어떨지 머릿속으로 그려 보고 글로 적었다. 점점 내 꿈이 구체화 되어갔고, 가슴이 뛰기 시작했다. 단조로운 현실을 특별한 즐거움으로 채우고 싶어졌다. 가까운 미래에 현실 가능한 것부터 행동으로 옮겨 보자고 생각했다.

때마침 크리스마스가 다가오고 있었다. 갑자기 아이디어가 번뜩였다.

'아! 크리스마스 파티를 하는 거야. 영화에 나오는 것처럼! 단순히 선물과 케이크만 준비하고 끝나는 것 말고, 우리 가족이 집에서 즐겁게 파티하면 어떨까. 매년 우리 가족만의 스페셜 행사로 정하면 아이들도 정말 즐거워하지 않을까?'

혼자 신이 나서 크리스마스에 할 일을 적어 봤다. 10가지는 나왔다.

'산타 케이크 만들기, 캐럴 부르기, 인형극 하기, 댄스 타임, 서로에게

　　　　　　　　오늘도 엄마 CEO는 인생 돌파 중

영상 편지 보내기 등.'

내가 적은 목록을 실행에 옮기기 위해 열심히 준비했다. 그렇게 가슴이 뛰고 즐거웠던 건 참 오랜만이었다. 결국 그해 크리스마스는 우리 가족에게 잊지 못할 추억의 첫 번째 가족 파티가 되었다. 소소한 꿈이었지만 실현하는 경험은 의미가 컸다. 1년 후 크리스마스가 다가오자, 찬이가 말했다.

"엄마, 우리 크리스마스 파티 해야지. 빨리 계획 세워 보자."

일상의 즐거움을 시작으로, 꿈의 목록을 하나씩 이루어 나가고 있다. 내가 진정으로 하고 싶은 게 뭔지, 어떻게 하면 삶이 더 풍요롭고 즐거울 수 있는지에 집중했다. 나를 찾아 나가는 과정에서 생각보다 쉽게 꿈을 이뤄 나가고 있다. 꿈꾸는 건 즐거운 일이다. 나를 숨 쉬게 한다. 10대의 꿈 많았던 내가 40대에 다시 돌아왔다.

나는 오늘도 나를 위해 꿈꾼다.

모닝 글쓰기로 내 인생은 전환점을 맞았다. 다채로운 삶을 위해 삶의 파이를 늘려가고 있고, 글로 적기만 했던 꿈 목록을 하나씩 이루어가고 있다. 모닝 글쓰기는 끝났지만, '모닝'만 빠진 '글쓰기'는 여전히 내 삶에서 진행 중이다. 아니 사실은, 아침이고 밤이고 시간 날 때마다 글을 쓰고 있다. 글 쓰는 내가 행복해 보인다고 지인이 말했다. 이미 글쓰기는 내 일상에서 중심이 되었다.

글 쓰는 삶, 앞으로의 내 인생이 무척 기대된다.

새벽 5시에 적은 모닝 글쓰기 노트

오늘도 엄마 CEO는 인생 돌파 중

7. 엄마 CEO 인생에 이력 한 줄 추가

대학을 졸업하고, 갑자기 진로를 바꾸면서 취직하려니 막막했다. 어느 곳에 지원하든 이력서는 필수였다. 제대로 된 이력서가 있어야 면접이나 다음 기회가 생긴다. '중국어 자격증, 컴퓨터 자격증 그리고…' 더 이상 채워 나갈 게 없었다. 아무리 내가 대학원을 목표로 했다지만 대학 4년 내내 준비를 하나도 안 했다는 사실이 절망스러웠다. 자격증 하나라도 더 따내려고 분주히 움직이던 친구들이 떠올랐다. 모두 내 잘못이라 누구에게도 속상함을 표현할 수가 없었다. 핑계를 댈 수도 없었고 위로를 구할 수도 없었다. 4년 동안 이력을 쌓을 시간은 충분했다. 앞일은 어떻게 될지 모르는데 내가 인생을 너무 몰랐고 나태하게 보냈다고 생각했다. 삶은 내가 계획한 대로만 흘러가는 게 아닌데 말이다. 준비만 되어 있었다면 내 앞에는 더 많은 선택지가 놓여있었을 거다.

회사를 운영하면서 자금이 필요하여 기술보증기금에 무작정 찾아갔다. 이미 지원을 받았기에 더는 안 된다고 담당자가 딱 잘라 말했다. 어떠한 여지도 주지 않아서 그냥 돌아올 수밖에 없었다. 며칠 후 다시 전화했다. 간절하게 상황을 설명하니, 담당자는 도와주고 싶은 마음이 생겼던 것 같다. 담당자는 기술권리나 특허증 등 해당하는 서류가 있는지 물었다. 해당하는 게 전혀 없었다.

"더 이상 제가 해 드릴 수 있는 게 없네요."

결국 자금 신청은 물거품이 되었다. 대출 요건이 되는 서류를 단 하나도 갖추지 못했던 거다. 회사 운영만으로도 할 일이 태산이었다. 시간과 돈을 투자해서 요구하는 서류를 갖추는 게 현실적으로 쉽지는 않았다. 새로운 기회와 미래를 위해서 구직자는 이력서에, 대표자는 회사 업적에 한 줄이라도 더 채우고 싶은 마음은 똑같다. 하지만 자격증이나 이력 하나 쌓는 게 어디 쉬운가.

매년 새해 첫날에 해야 할 목표를 적었다. 2023년도에도 하고 싶은 것과 해야 할 것을 적어 책상 앞에 붙여 놓았다. 내가 적은 목록에 '책 쓰기'는 없었다. 생각조차 못 했던 일이다. 그러다 어느 날 혜성처럼 나타나 내 마음을 파고든 일이 있었다. 내가 영어 소리 코치로 활동하고 있는 '소리튠 영어'에는 함께 훈련하면서 가까워진 동료 코치가 있다. 영어 훈련을 함께하고 서로에게 피드백도 스스럼없이 할 수 있는 사이다. 긴 시간 동안 코치로서의 고충을 함께 나누었고, 힘들거나 지칠 때 서로에게 힘이 되어 주었다. 이제는 개인사도 숨김없이 공유하는 가까운 사이다. 내게 좋은 자극도 많이 주는 동료 코치는 책을 이미 여러 권 출간했다. 대표 저서인 『삼남매와 남아공 서바이벌』을 집필한 최주선 작가이다. 23년 3월, 자기가 글쓰기 코치 과정을 듣고 있으니 혹시 책 쓰기에 관심이 있으면 코칭을 해 줄 수 있다고 했다. 제안을 진지하게 생각해 보았다. 순간 나의 버킷리스트가 떠올랐다.

"죽기 전 내 이름으로 된 책 내기"

사실 간절한 소망까지는 아니었지만, 이 세상에 태어나서 내 이름이 적힌 책 하나 정도는 쓰면 좋겠다는 막연한 꿈을 꾼 적이 있었다. 주선 작가가 꺼낸 한마디는 내게 '기회'라는 단어로 들렸다. 내가 영어 소리 코치라서, 내용은 영어와 다르겠지만 글쓰기 코치도 어떤 과정으로 나를 이끌어 줄지 대략 느낌이 왔다. 책을 어떻게 쓰는지 전혀 지식이 없는 나도 코칭을 받으면 가능하겠다는 생각이 들었다. 기회는 언제 올지 모른다. 원래 책 출간의 꿈은 노년에 이룰 생각이었지만, '그때도 이 같은 기회가 올까?'라는 의문이 들었다. 돈은 눈앞에 보이는 돈부터 잡아야 잘 벌 수 있다고 한다. 내 앞에 오는 기회도 잡을 수 있는 바로 지금 잡아야겠다고 생각했다.

얼마 지나지 않아, 가슴에 혹이 생겨 맘모톰 시술을 했다. 커다란 수술은 아니었지만 진단받고 조직검사를 하고 수술까지 세 차례 과정을 거쳤다. 앞만 바라보고 가다가 잠시 멈추고 돌아보았다.

'어디서부터 잘못된 걸까. 일을 멈추라는 신호일까?'

하루 24시간은 정해져 있는데 일을 계속 늘려서 잠자는 시간을 줄였다. 남편과 가족, 지인은 너무 조금 자면 병난다고 무리하지 말라고 걱정해 오던 참이었다. 내 몸을 혹사한 결과였지만 참 억울했다. 남들은 잠 줄여 가면서도 할 일 다 잘 해내고 잘 사는 것 같은데 나만 이 모양이라는 생각에 우울했다. 몇 날 며칠을 고민했다. 그런데 아무리 생각해도 하던 일을 멈추고 싶지는 않았다. 몸을 아끼려고 하고 싶은 일을 줄이면 더 우울해질 것 같았다. 어쨌든 지금 내가 큰 병에 걸린 것도 아니다.

할 수 있을 때 내 마음이 하고 싶을 때 하자고 생각했다. 바로 지금 말이다.

"내가 첫 회원이 되어 줄게요."

지금 나를 코치해 줄 사람이 있을 때, 책을 낼 기회가 왔을 때 잡아야겠다는 생각이 강하게 들었다. 최주선 작가에게 책 쓰기 수업을 등록하겠다고 말했다. 시술 후 불안해진 내 마음을 다잡고, 내가 꿈꾸는 대로 앞으로 쭉 밀고 나갈 수 있게 도와 달라는 신호이기도 했다. 책 쓰기 정규 수업을 듣기 시작하면서 바로 책 주제를 선정하고 목차를 짜고 초고 쓰기에 들어갔다. 한 꼭지를 쓰는데 A4용지 1.5매~2매는 채워야 했다. 쉽지 않았지만 거의 매일 한 꼭지씩 써나갔다. 2년 전 매일 모닝 글쓰기를 하면서 생긴 글쓰기 근력이 책 써나가는데 밑거름이 되었다. 그때 모닝

오늘도 엄마 CEO는 인생 돌파 중

글쓰기를 안 했다면, 책을 내겠다는 꿈을 꾸지도 못했고 글 쓰는 습관도 못 만들었을 것이다. 2년 전 내가 기를 쓰고 했던 일이 현재에 와서 연결되고 도움이 되는 게 신기했다.

'꿈을 꾸려고 마음먹은 순간부터 꿈이 이루어지려고 한 것일까?'

2023년 새해 계획에 적혀 있지도 않았던 '책 쓰기'가 내 삶에서 가장 큰 획을 긋고 있다.

지금 나는 책을 쓰고 있다. 책 출간도 하나의 이력이 될 수 있다고 한다. 대표로서의 이력이 될 수도 있지만, 내 스펙만을 위해 책을 쓰는 건 아니다. 나 자신을 위해 쓰고 있다. 과거와 현재를 오가며 글을 적으니, 지금까지 살아온 내 인생이 정리되는 것 같다. 지나온 삶의 이야기를 글로 풀어낸다는 것 자체가 내게는 꽤 의미가 있다. 자꾸 생각을 떠올리니, 잊었던 과거의 일이 속속들이 떠올랐다. 책을 쓰기로 결심하니 내 삶을 구체적이고 자세하게 정리해 볼 수 있는 시간이 만들어졌다. 책 쓰기로 새로운 도전을 하는 중이고 내 인생 이력에 한 줄을 더 채울 예정이다. 책 쓰기를 시작으로 연결될 무궁무진한 내 미래 인생 스토리가 기대된다.

8. 워킹맘의 엄마표 교육 비결

아이가 크면서 교육에 관심이 생겼다. 워킹맘이어서 시간이 제한적이지만 '엄마표 교육'을 해 주고 싶었다. 엄마표 교육은 영어, 수학, 과학 등 엄마가 아이와 즐겁게 활동하며 알려주는 홈 스쿨 개념과 비슷하다. 막상 시작하려니 막막했고 방법을 몰랐다. SNS에는 정보가 넘쳤지만, 광고가 많아서 판단이 힘들었다. 누가 좀 제대로 나에게 알려주기를 바랐다. 사례를 보니 성공도 있고 실패도 있었다. 함부로 누군가를 따라 하는 게 불안했다. 각 분야의 전문가에게서 제대로 배우는 게 가장 정확하겠다는 결론을 내렸다.

아이 교육에서 '독서'를 가장 중요하게 생각했다. 아이에게 책을 많이 읽어주겠다고 마음먹고 있었다. 유아 교육 전시회에 가서 전집을 사 왔다. 너무 비쌌다. 전집 한 질에 몇십만 원이라 딱 두 질을 사 왔다. 주위에서 물려받은 책과 구매한 책을 읽어 주었다. 아이에게 책을 읽어 주는 게 좋다는 소리를 듣고 맹목적으로 읽어 주었던 것 같다. 목표도 방법도 정해진 시간도 없이 시간 날 때 틈틈이 읽어 주었다. 그러다 웅진북클럽에 가입하면서 본격적인 책 육아를 시작하게 되었다. 가끔 북 큐레이터가 아이가 잘하고 있는지 확인하고, 새로운 소식도 전해 주었다.

"제가 전화 드리면 도움 드리는 얘기 많죠? 근데 아예 전화를 안 받는 회원들도 많아요. 그럼, 그분들은 이런 정보를 알 수가 없잖아요."

그럴 만도 했다. 책과 교육에 대해 많은 정보를 알려주는 동시에 더 비싼 단계로 바꾸라고 영업도 했다. 당연히 연락이 부담스러울 수밖에 없었다. 나 역시 부담스러웠지만 소통을 많이 하기로 했다. 큐레이터가 안내해 주는 내용이 꽤 도움이 되었기 때문이다.

'나는 충분히 영업을 당하겠으니, 대신 많은 정보를 주세요.'

책 육아를 하다 막히는 부분이 있으면 수시로 물어봤다. 담당자는 늘 잠자리 독서를 강조했다. 아이의 책 읽는 습관을 잠자리 독서로 잡으라 했다. 불규칙적으로 읽어 주던 책을 잠자기 전에 규칙적으로 읽어 주었고 매일 실천했다. 그때부터 지금까지 잠자리 독서는 우리 집의 루틴이 되었다. 가끔 아이가 책에 대한 흥미가 떨어져 보일 때가 있었다. 그럴 때는 큐레이터와 상의해서 새로운 책을 들여와 보여 줬고, 다시 흥미를 찾는 아이의 모습을 발견할 수 있었다. 나이에 맞게 읽어야 할 책 영역, 융합 독서, 학습법 등 다양한 내용을 큐레이터에게 계속 물었다. 전문가가 모두 알려주니 간편하고 좋았다. 덕분에 찬이는 4세부터 8세까지 약만 권 가까이 책을 읽었다. 그리고 매달 융합 독서를 하고 마인드맵을 했다. 6세에는 1년 내내 공책 한 페이지씩 글씨 쓰는 연습을 했더니 지금은 글씨가 정갈하고 예뻐서 학교에서도 칭찬을 듣고 있다. 이 모든 건 큐레이터가 알려 준 대로 했을 뿐이었다. 참 감사했다.

"어머니, 제가 똑같이 얘기해도 이렇게 다 하는 분 없어요. 어머니가 진짜 노력하시고 잘 챙기시는 거예요."

8세, 매일 성경 쓰기

5~6세 때 융합 독서 마인드맵

시간이 부족해서 틈새 시간을 활용했다. 자기 전, 아침, 주말 등등. 시간은 짧아도 꾸준히 이어 나갔다. 정보를 찾는 시간을 절약할 수 있어서 좋았다. 내가 잘 모르고, 시간이 없어도 전문가가 하라는 대로만 하니 반 이상은 성공이었다.

챗 GPT 시대, AI 시대이다. 많은 게 빠른 속도로 변해 가는데 아이가 잘 적응할 수 있을지 걱정되었다. 내가 혹시 놓치고 있는 부분이 있지는

오늘도 엄마 CEO는 인생 돌파 중

않을지 정보를 찾다가 '하브루타'를 알게 되었다. 하브루타는 친구를 의미하는 히브리어인 하베르에서 유래한 용어로, 학생들끼리 짝을 이루어 서로 질문을 주고받으며 논쟁하는 유대인의 전통적인 토론 교육 방법이다. 비판적 사고와 창의력을 키우기에 좋은 하브루타가 궁금했고 자세히 배우고 싶었다. '하브루타 지도사 자격증 1급' 과정을 들었다. 이후 더 심도 있게 배우고 싶어서 우리나라 하브루타 1세대 교육자인 김금선 소장님의 '하브루타 부모 교육사 3급'을 들었고 자격증을 취득했다. 내가 궁금한 걸 알아가는 공부는 '질문하기'로 시작한다. 아무리 챗 GPT가 많은 걸 알려준다고 해도, 제대로 질문하지 않으면 정확한 답을 구할 수 없다.

질문하는 능력을 키워야 한다.

우리나라 교육은 질문보다는 가만히 듣고 수용하는 자세를 가르쳐 왔다. 가정 안에서도 마찬가지다. 아이에게 바른 행동과 자세 등을 알려주고 따라오라고 하지만 정작 아이의 질문을 기쁘게 받아주고 대화하고 토론하는 시간은 많지 않다. 보통 집에서 "빨리 밥 먹어. 세수해. 옷 갈아입어. 뛰지 마!"와 같은 일방적인 말이 아닌 자녀와 대화하는 시간이 10분을 넘기기가 힘들다고 한다. 나 자신을 돌아보니, 잔소리 아닌 아이와 둘만의 대화 시간이 생각보다 많지 않았다. 유대인에게 가정은 학교이며, 부모는 집안의 영혼이라고 했다. 대화를 통해 애착 형성을 하고 자녀가 올바로 성장하며 가정이 행복해지는 이상적인 모습을 배워야겠다고 생각했다.

배운 대로 하면 된다.

주말에 온 가족이 식탁에 둘러앉아 『아기 돼지 삼 형제』 책을 읽었다. 돌아가며 책 내용에 대해 질문했다. 여덟 살 찬이가 물었다.

"첫째 돼지가 가장 큰 형인데, 왜 셋째처럼 좋은 생각을 못 했을까?"

여섯 살 윤이가 물었다.

"엄마는 왜 아기 돼지한테 벽돌로 집을 지으라고 안 알려줬을까?"

아이들의 질문에 남편과 나는 서로의 얼굴을 번갈아 봤다. 내가 미처 생각 못 한 부분을 아이들이 물었고 자신만의 답을 구했다. 더 나아가 아기 돼지들처럼 찬이와 윤이는 몇 살에 독립할지에 대한 얘기도 나누었다. 아직 이르지만 커서 부모를 떠나 독립해야 한다는 생각도 할 수 있게 만들어 준 시간이었다. 시계를 봤다. 독서 토론 시작한 지 이미 30분이 훌쩍 지나고 있었다. 아이 눈높이의 책으로도 충분히 깊이 있는 대화가 가능했다. 매주 주말마다 가족 하브루타 시간을 갖기로 했다. 부모와 아이가 대화하며 생각의 폭을 넓히고 관계까지 돈독해지는 최고의 방법을 찾아냈다. 전문가에게 제대로 배워서 아이에게 좋은 부모가 되고 좋은 가정교육을 해 줄 수 있도록 계속 노력할 것이다.

나는 엄마일 뿐, 유아 교육을 전공하지 않았다. 내 아이의 올바른 교육 체계에 대해서도 잘 몰랐다. 모르면 배우면 되었다. 단, 제대로 된 전문가를 찾아내어 정확히 배우려 했다. 내가 할 수 있는 만큼 제시한 대로 따라 했다. 긴 시간을 내지 못해도, 매일 꾸준히 자투리 시간을 이용해도 충분하다. 워킹맘도 가능한 진정한 엄마표 교육법이다. 잠자리 독서는 5년째 하고 있다. 아이들은 자기 전 엄마와 책 읽는 시간을 좋아한다. 즐겁고 부담이 없어야 계속 유지할 수가 있다. 나는 오늘도 아이들 곤히 잠든 늦은 밤, 내 할 일을 끝내고 책을 펼쳤다. 책에서 전문가의 지혜를 배우고 적용할 점을 찾아 나간다.

워킹맘 돌파 준비 3단계!

: 배우고 익히고 적용하라

1. 내 인생의 1순위는 바로 '나'다.

2. 내게 좋은 자극을 주는 인연을 만들어라.

3. 글쓰기는 내가 꿈꾸고 이룰 수 있게 해 준다.

4. 모르는 분야는 전문가에게 배운다.

나는 배우고 수용하는 _____ 이다/다.

1. 나는 _____을 배운다.

2. 나는 _____을 배운다.

3. 나는 _____을 배운다.

오늘도 엄마 CEO는 인생 돌파 중

**워킹맘 사업 확장의
핵심은 도전이다**

1. 화장품 사업 13년 버티기

문 닫는 회사를 많이 보았다. 특히 창업 후 몇 년 내에 문을 닫는 경우가 꽤 많았다. 창업 회사의 50% 이상이 1년 안에 사업을 정리하고, 70% 이상이 5년 안에 폐업한다고 한다. 그만큼 초기에 고비가 더 많다는 뜻이다. 대부분 자금 때문이다. 회사 운영에는 굴곡이 있다. 예기치 못한 상황은 언제든 생길 수 있다. 매달 들어가는 고정비와 운영비 등을 제대로 해결하지 못하면, 유지하기 힘들어져서 폐업할 수밖에 없는 상황에 이르게 된다.

13년째 회사를 운영하고 있다. 몇십 년 운영한 분들에 비하면 병아리 수준이다. 구멍가게 같은 작은 회사라도 13년 동안 순간의 고비들이 끊임없이 있었다. 작은 회사라서 불안감이 작지 않았다. 속이 새까맣게 타들어 가고 잠을 못 이루는 날이 많았다. 내 나이 28세에 창업할 때, 가진 돈은 전 회사에서 받은 퇴직금이 전부였다. 부모님 경제 상황이 좋지 않아서 손을 벌릴 생각은 하지 않았다. 회사를 운영 하면서 아무리 힘들어도 가족에게 요청하지 않으리라 결심했었다. 아마 내가 힘들다고 손을 내밀면 가족이 제일 먼저 나서서 자금을 보태줬을 것이다. 그러나 결과가 안 좋으면 본인뿐 아니라 가족 전체가 힘들어지는 경우를 주위에서 꽤 보았다. 나로 인해 부모님의 노년이 힘들어질 수 있는 상황은 만들지 말아야겠다고 생각했다. 그래서 더욱 힘들었는지도 모른다. 발전이 더뎠고 고비도 많았다. 하지만 결과적으로 13년째 운영 해 오고 있다. 회사는 분명 굴곡이 있다. 매출이 적을 때와 자금 회전이 원활하지 않을 때 어떻게 잘 넘길 수 있을지 고민해야 했다. 회사의 목표는 '이익 창출'이지만 그에 앞서 더 중요한 게 있다. 회사가 계속 돌아갈 수 있어야 한다. 중간에 멈추면 안 된다. 그러려면 꼭 필요한 게 '자금 회전'이다. 자금이 들어오고 나가는 게 순조로우면 회사는 계속 돌아갈 수 있다. 돈이 돌아야 회사가 유지된다. 멈추는 순간 회사는 끝난다. 지출보다 들어온 수입이 극히 적을 때는 긴장 그 자체였다. 지출의 우선순위를 정했고, 답이 안 나올 때는 단기 차입으로 문제를 해결했다. 허리띠 졸라매고 고비의 상황에서 헤어 나올 수 있도록 몰입했고 버텼다. 만약 힘들 때마다 믿는 구석이 있어 누군가에게 혹은 가족에게 기댔다면 여러 고비를 넘기며 지금까지 잘해 올 수 있었을까 싶다. 오히려 혼자서 해 보겠다는 초기 마음가짐이 나를 더 단단하게 만들어 주었다.

오늘도 엄마 CEO는 인생 돌파 중

회사의 대표자는 뛰어난 리더십을 갖추고 경력과 인맥, 자금력만 있으면 된다고 생각했다. 시간이 흐르면서 생각이 바뀌었다. 그보다 중요한 건 회사 상황을 전체적으로 두루두루 잘 파악하는 것이다. 매출과 직결되는 마케팅과 영업뿐만 아니라 경리, 회계, 물류 등 모든 업무를 잘 파악해야 한다. 매출 이익이 많아지면 세금도 많이 낸다. 세금을 못 내서 회사가 문을 닫아야 한다면 이보다 어이없는 일이 있을까? 실제로 어떤 회사는 부가세를 납부하지 못해서 폐업했다는 얘기를 들었다. 똑똑하고 오랜 경력을 가진 대표였지만 세금에 대해서는 잘 몰랐었나 보다. 당시에는 전자 세금계산서가 아닌 종이에 기재했기 때문에 계산서 발행이 비교적 자유로웠다. 실제 매출보다 과하게 매출계산서를 발행하는 바람에 부가세가 어마어마하게 나온 것이다. 누구에게는 기본 중의 기본처럼 굉장히 쉬운 일이지만, 누구에게는 전혀 모르는 부분일 수 있다. 대표는 매출과 수익만 신경 쓰면 안 된다. 회계 업무뿐 아니라 물류가 어떻게 돌아가는지, 재고 상황이 어떤지, 고객에게 전달되는 CS는 괜찮은지 모두 알고 있어야 한다. 사소한 것이 큰 문제로 이어질 수 있기 때문이다. 나는 매번 부가세 신고 때마다 자료를 세무사무실에 전해 주고 맡기기만 하지 않았다. 매출과 매입 자료를 일일이 직접 정리했다. 세무사무실과 내가 양쪽에서 정리하면서 이중으로 확인하면 실수와 손실을 줄일 수 있었다. 세무사무실에만 맡기면 얼마를 세금으로 내야 하는지 금액만 알 수 있을 뿐이다. 적게 나오든 많이 나오든 납부할 수밖에 없다. 내가 직접 자료를 정리하고 계산하면 왜 부가세가 많이 나온 건지, 누락된 건 없는지 자세히 알 수 있었고 미리 준비하고 대응할 수 있었다. 바쁜 업무 가운데 번거로운 일이지만 중요한 일이다.

큰 사고는 작은 틈에서부터 예기치 않게 발생한다. 대표자는 하찮은 부분까지도 두루두루 잘 챙겨야 한다.

13년간 회사를 운영해 올 수 있었던 건 '버티기' 덕분이었다. 직장인이 회사 다니며 힘들어도 버티는 것과 비슷한 느낌일 것이다. 다만 차이점이 있다면, 한 달을 버텨도 내 월급이 보장되지 않고 회사 수익은 마이너스를 찍을 수 있다. 회사가 어려운 상황이 될 때는 내가 어떤 선택을 해야 할지 누가 좀 속 시원히 알려줬으면 하는 바람이었다. 눈앞은 깜깜하고 길은 보이지 않고 막막했지만 버티려 노력했다. 사업은 공부와 달랐다. 공부는 노력하는 만큼 성적을 받을 수 있지만 사업은 시간을 들이고 노력해도 결과가 꼭 비례하지 않았다. 운과 흐름 등 여러 가지가 다 맞아야 비로소 일이 수월하게 되었다. 그래서 초반에는 마음은 조급한데 일은 뜻대로 안 돼서 버텨야 하는 시간이 몹시 힘들었다. 수익이 없을 때는 나가는 모든 지출 비용을 검토하고 줄일 수 있는 건 대폭 줄였다. 더 이상 줄일 게 있나 싶었지만, 자세히 들여다보면 분명 쓸모없는 지출은 있었다. 효율이 떨어지는 광고비, 매출 회전보다 과한 재고, 잦은 접대비 등이었다. 또한 지출해야 할 것 중 시기를 늦출 수 있는 건 늦추면서 시간을 벌었다. 그렇게 한 달, 두 달 버텼다. 버티다 보면 시간은 흘렀고 고비는 어느새 지나간 후였다. 요즘에는 오히려 일이 잘 안 풀릴 때는 한 발짝 뒤로 물러나 지켜본다. 마음을 급하게 먹으면 일이 풀리기보다는 더 꼬이는 걸 여러 번 경험해 봤다. '지금은 때가 아니구나.' 생각한다. 그리고 다시 버티면서 준비하는 거다. 내 경험상 늘 아래로 내려가지만은 않았다. 바닥에도 끝이 있었다.

내가 준비되어 있다면 분명 적절한 기회가 왔다. 그 기회를 놓치지 않기 위해 오늘도 버티면서 준비한다.

'13년 버티기'

지극히 기본적이고 평범한 방법이지만, 현실에서는 기본적인 부분을 지키는 것도 쉽지 않다. 변화무쌍한 사회 속에서 꾸준하게 회사를 운영해 오기까지 마음고생을 많이 했다. 10년 이상의 업력이 있는 회사는 규모가 크든 작든 인정받는다고 한다. 수많은 고비를 이겨낸 것에 대한 인정이다. 꼭 특별한 능력이 있어서가 아니라 내 가정 살림 꾸리듯 회사 살림을 챙겼고 때론 유연하게 때론 미련하게 버티며 지금까지 왔다. 앞으로 어떤 길이 펼쳐질지 모르지만, 지금 해 왔던 것처럼 기본에 충실하며 한 걸음씩 나아 갈 거다.

2. 해외 진출은 내 로망

　회사 운영하면서 해외 진출은 내 로망이었다. 내가 만든 제품을 국내뿐 아니라 해외에도 판매하고 싶었다. 판로를 여러 방향으로 늘리는 건 회사에 큰 도움이 된다. 새로운 매출 파이프라인을 연결할 수 있어 한쪽이 매출이 줄어도 다른 쪽에서 채워주기 때문에 회사는 안정적으로 굴러갈 수 있다.

　수출에 대한 아무런 정보도 없었던 나는 해외 전시회에 관심을 가졌다. 전시회에 나가서 직접 제품을 홍보하는 게 가장 효과적이라고 생각했다. 그러나 전시회를 혼자 준비하기에는 어려움이 있었다. 제품도 구색을 갖추려면 라인을 더 개발해야 했다. 전시회 부스 디자인 작업, 상담 자료 준비 등 해야 할 게 너무 많았다. 어디서부터 준비해야 할지 막막했다. 마침 외삼촌이 광고 디자인 회사를 운영하셨는데 화장품은 아니지만 다른 품목으로 해외 전시회에 나간 경험이 많았다. 외삼촌에게 해외 전시회에 함께 나가자고 제안했다. 삼촌도 관심을 보였다. 그동안에는 타 회사 제품을 홍보해 주었지만, 이제는 그동안 쌓은 경험을 바탕으로 자기 제품을 수출해 보고 싶다고 했다. 내 화장품과 외삼촌의 전시회 경험을 합치면 좋은 시너지가 나올 것 같았다.

대한화장품협회에서 전시회 비용을 약 50% 이상 지원해 주는 사업에 신청했고 운 좋게도 선정되었다. 참가를 몇 달 앞두고 전시회를 준비했다. 나는 제품 라인 확장을 위해 서둘러 몇 가지 제품을 더 개발했다. 삼촌 회사는 제품 촬영 및 부스 현수막과 배너, 카탈로그 등 디자인 작업을 맡았다. 모든 준비를 마치고 12월에 개최하는 세계 3대 규모의 '홍콩 코스모프로프'에 참가했다. 처음이라 어색했지만, 부스를 멋있게 꾸며 놓으니 꽤 그럴싸했다. 3일간 개최되는 전시회 첫날부터 수많은 사람이 오갔다. 특히 한국화장품은 인기가 많았다. 외삼촌 회사의 전시회 담당 과장님은 내 대학 선배이기도 했다. 중국어 전공인 과장님과 나는 간단하게 중국어와 영어를 섞어서 제품 설명도 하고 고객 대응을 했다. 전시회에 처음 나간 것 치고는 반응이 좋았다. 다음 해 두 번째로 참가한 홍콩 전시회에서도 브랜드 이름을 기억하고 찾아오는 사람들이 있을 정도였다. 전시회 마지막 날에는 준비한 모든 제품을 완판했다. 참가 내내 끊임없이 상담이 이어졌고, 바이어가 어떤 아이템을 원하는지, 원하는 MOQ(최소 발주 수량)은 얼마인지도 대략 파악할 수 있었다. 전시회 경력이 있는 다른 참가 회사는 어떻게 홍보하는지 관찰하며 내 제품에 적용할 방법을 고민해 봤다. 해외 전시관도 둘러보면서 해외 화장품의 흐

름을 파악했다. 전시회에는 수많은 바이어가 방문하지만, 참가하는 회사
도 그만큼 많다. 시장은 넓지만 내 제품을 선택해 줄 바이어를 찾기란 분
명 어려운 일이었다. 국내에서 동종업계가 치열하게 경쟁하듯 해외도 마
찬가지였다. 더 치열하게 고민하고 분석해야 했다. 우리만의 특장점을
부각하고 타깃 바이어를 찾을 수 있는 게 앞으로의 과제였다. 첫 전시회
는 분명 의미가 있었고 도움이 많이 되었다.

몇 달 후 베트남과 말레이시아 전시회를 연이어 참가했다. 동남아시아
전시회는 홍콩과는 느낌이 달랐다. 전시회 규모는 협소한 편이었으나,
각 바이어에게 틈새를 공략하기에는 더 좋았다. 덥고 습한 기후라서 보
습 제품은 선호하지 않을 거라는 예상과는 달리, 오히려 에어컨 바람을
많이 쐬기에 보습에 대한 수요가 많다는 걸 알게 되었다. 다만 그들은 끈
적이지 않으면서 가벼운 촉촉함을 원했고 내 제품은 반응이 좋았다. 역
시 직접 부딪혀 봐야 알 수 있는 법이었다.

해외 전시회를 여러 번 다니면서 거래할 업체 한 곳을 찾는 것도 쉽지
않았다. 수많은 바이어, 고객과 상담하고 협의했지만, 계약하고 발주를
받아내는 건 하늘의 별 따기처럼 어려웠다. 해외 전시회도 장기 계획이
필요했다. 전시회에 참가해서 한두 차례에 거래가 성사되는 건 쉽지 않
은 일이었다. 수출은 무조건 대량의 거래가 이루어지는 줄 알았다. 그러
나 바이어 대부분은 소량의 발주부터 시작하기를 원했다. 수출도 결국
한 번에 목돈이 들어오는 구조는 아니었다. 큰 발주로 이어지기까지 신

뢰가 누적되는 시간이 필요했다. 해외 전시회를 단순히 의욕과 열정만 앞세우고 진행했다가는 손에 쥐어지는 것 없이 쉽게 지칠 수 있다. 해당 전시회에 방문하는 바이어의 사전 조사를 면밀히 해야 하고, 타깃도 더 세부적으로 정해야 했다. 그리고 바이어 눈에 익숙해지려면 같은 전시회도 몇 년에 걸쳐 지속해서 참가해야 했다. 자금이 뒷받침되지 않으면 어려운 일이다. 내 회사가 그랬다. 3년 이상을 계속 투자하기에는 버거웠다. 대신 해외 전시회를 참가하면서 찍었던 사진과 자료를 국내 마케팅으로 활용했다. 해외와 국내 마케팅을 교차로 활용할 수 있어 좋았다. 국내 드라마에 협찬했던 PPL 자료를 해외 전시회에서 시선을 끄는 용도로 활용했다면, 해외 전시회 활동 자료는 국내에서 브랜드 홍보로 쓸 수 있었다. 해외, 국내 양쪽에서 브랜드 인지도를 올리는 효과가 있었다. 전시회는 보통 3~5일 진행하지만, 당시의 자료를 잘 기록하고 활용하면 이후에도 어떤 방식으로든 홍보자료로 쓸모가 있었다.

해외 판로를 넓히기 위해 직접 발로 뛰는 방법 외에 온라인을 이용하기도 했다. 한때 유행했던 직구 몰에 제품을 등록해서 매출을 올린 적이 있다. 제품마다 영어와 중국어 페이지를 준비해서 직구 몰에 제품을 등록하여 매출로 연결했다. 유통 시장에서는 늘 유행이 있고 흐름이 있다. 그 흐름을 잘 타면 단기간에 큰 매출을 만들어 낼 수 있었다. 발 빠르게 대응하고 준비가 되어 있다면 틈새 효과를 볼 수가 있었다.

세계무대로 나가는 게 결코 쉬운 일은 아니었다. 몸으로 직접 부딪쳤고 수많은 실패 경험이 이어졌다. 처음부터 거창한 수출은 없었다. 소액부터, 소량부터 시작이었다. 어찌 보면 국내보다 더 세심하게 살펴봐야 할 게 많았다. 여러 시행착오를 겪었고 전시회를 통한 큰 성과는 없었다. 그러나 회사는 제품을 계속 알렸고, 소소한 매출도 내면서 조금씩 성장을 했다고 생각한다. 또한 여러 경험을 누적시키면서 생긴 내공으로 지금까지 회사를 유지해 올 수 있었던 건 아닐까 싶다.

해외 전시회 부스

3. 사업 최대 고비, 신뢰감으로 돌파

꿈에 그리던 화장품 직수출을 창업 후 9년 만에 해냈다. 수출하려면 제품뿐 아니라 회사에 대한 신뢰를 주어야 한다는 사실을 해외 전시회를 직접 발로 뛰면서 깨달았다. 신뢰를 쌓아가는 시간이 필요했다. 회사에 대한 신뢰가 누적되는 시간은 생각보다 길었다. 하지만 꾸준하게 문을 두드리면 결국 길은 열렸다.

내가 예전에 다니던 회사에서 거래하던 중년의 일본 여성 바이어가 있었다. 내가 만든 '베니넷 비비크림'이 좋아서 내가 회사를 창업한 이후에도 일부러 찾아와 소량씩 주문했다. 주문하는 양이 많지는 않았지만 몇 년 동안 꾸준히 거래를 이어 나갔다. 한국을 참 좋아했던 일본 바이어는 일을 하러 한국에 오는 건지, 한국에 오고 싶어서 일을 일부러 만드는 건지 헷갈릴 정도로 자주 방문했다. 그때마다 항상 같은 자세로 바이어를 환영해 주었고, 회사와 제품의 새로운 정보도 꾸준히 전달해 주었다. 자주 보니 바이어가 내 결혼식에는 못 왔지만, 축의금과 선물까지 챙겨줄 정도로 관계도 가까워졌었다. 바이어는 일본에서 열리는 류시원 콘서트에 '베니넷 크림'을 협찬 물품으로 사용하고 싶다고 했다. 바이어는 콘서트에서 판촉용으로 쓸 크림을 발주했다. 국내에 있는 류시원 소속사와 협찬 관련 업무 처리는 내가 대신 해 주었고, 바이어는 일본에서 협찬 행사를 맡았다. 지금까지 소량의 발주에 비해서 수량이나 금액 규모가 컸다. 바이어에게 일본 총판권과 OEM 발주 등 사업을 확장 시킬 수 있는 제안을 했다. 그러나 바이어와 내 목표의 기대치에 차이가 있었다. 원하는 만큼의 큰 발주가 나오지 않아 늘 아쉬웠다. 하지만 오랜 기간 거래를 통해서 일본 스타일의 업무와 영업 방식을 많이 배울 수 있었다. 빠른 속도와 효율을 따지는 우리나라와는 달리 늦더라도 규격과 원칙을 더 중요시하며, 사소한 부분도 그냥 지나침이 없었다. 엉뚱한 질문도 꽤 많았다. 예를 들면 "이 비비크림은 몇 번 펌핑 해야 한 통을 다 쓰나요?" 같은 질문이다. 처음에는 당황했지만 어떤 질문이든 모두 열심히 대응해 주었고 차츰 일본 스타일에 익숙해졌다.

비슷한 시기에 일본 에이전트인 또 다른 회사와도 거래하고 있었다. 에이전트는 일본 카탈로그 회사의 한국 총판권을 가지고 있었다. 초반에는 자사 제품을 소량씩 발주했지만 이후 한동안 거래가 없었다. 하지만 한두 달에 한 번씩은 미팅 약속을 잡고 관계를 이어 나갔다. 기회를 기다

오늘도 엄마 CEO는 인생 돌파 중

렸다. 일본에서 한류 화장품의 붐이 일어난 시초는 '비비크림'이었다. 에이전트 회사도 초기에는 경영이 힘들었으나, 비비크림으로 인해 회사가 기반을 다질 수 있었다고 했다. 이후에도 한국의 인기 제품을 일본에 소개하면서 회사는 계속 성장하고 있었다. 속으로 되뇌었다.

'내 제품도 일본 카탈로그에 실릴 그날이 꼭 오게 만들 거야.'

일본 회사는 기성품 외에도 OEM으로 발주할 생각이 있으니 다양한 콘셉트로 기획해서 제출해 달라고 했다. OEM은 한 번에 몇천 개 발주를 받을 수 있어서 꽤 욕심났다. 여러 개 샘플을 제출했지만 모두 채택되지 않았다. 계속 샘플 제출만 할 수는 없었다. 공장에 발주도 안 하면서 매번 샘플을 만들어 달라고 하기는 어려웠다. 오래도록 일이 진행되지 않으니, OEM 발주 받는 게 뜬구름 잡는 일이겠다는 생각이 들어서 기대를 접었다. 어느 날 에이전트로부터 연락이 왔다. 몇 달 전에 출시한 크림이 있었는데, 일본 회사에서 그 제형이 마음에 든다고 OEM 발주를 하고 싶다고 했다. 제안한 지 이미 몇 개월이 지났던 터라 기대를 전혀 안 하고 있었다. 첫 번째 OEM 발주는 깜짝 선물처럼 갑자기 찾아왔다. 에이전트와 거래한 지 약 4년 만의 일이었다. 에이전트로 납품하기 때문에 직접 수출이 아닌 간접 수출에 해당하였지만, 부가세 환급 등의 혜택을 받을 수 있었다. 내가 기획한 제품 몇천 개를 한꺼번에 해외로 내보내면서 뿌듯하고 기뻤다. 그로부터 한 1년 넘게 발주가 없다가, 이후 크림, 샴푸, 팩트 등 여러 타입의 OEM 의뢰가 들어오기 시작했다. 에이전트가 말하길, 일본 측에서 군이 내 회사를 지목하여 발주했다고 한다. 거래하다 보면 크고 작은 문제들이 발생하는데, 납기 약속을 잘 지키고 대응이 빨라 좋은 평가를 받을 수 있었던 것 같다. 수년간 보여 온 꾸준한 모습이 신뢰를 줄 수 있었다. 예전 경험을 바탕으로 일본의 특성을 잘 알고 있었던 것도 도움이 되었다. 발주는 차츰 늘었고 매출도 커졌다. 납품하면서 심각한 문제가 생기지 않도록 꼼꼼하게 챙겼다. 일본 내 소비자의 만족도가 좋아서 재발주도 계속 이어질 수 있었다. 이렇게만 진행이 된다면, 회사가 모든 부채를 청산하고 많은 수익을 가져가는 건 시간문제였다.

그런데 매출이 늘면서 에이전트의 결제가 자꾸 늦어졌고 급기야 사고가 터졌다. 내가 감당할 수 없을 정도의 금액을 받지 못하게 되었다.

'이렇게 회사 문을 닫게 되는구나!'

하루하루가 걱정의 연속이었다. 그러던 어느 날 일본 회사에서 연락이 왔다.

"우리와 직거래하는 게 어떻겠습니까?"

회사 문 닫을 각오를 하고 있다가 직수출할 기회가 생겼다. 일본 회사는 에이전트에게 못 받은 미수 금액 중 일부를 해결해 주었다. 하늘이 도왔다고 해도 과언이 아니었다. 향후 결제 조건은 제품 발주 시 선입금 50%, 납품과 동시에 완불 처리를 해 주겠다고 했다. 자사를 신뢰하지 않았다면 절대 있을 수 없는 일이었다.

오늘도 엄마 CEO는 인생 돌파 중

일본에 직수출하기까지, 가장 중요한 요인은 '신뢰감'이었다. 거래 관계에서는 신뢰가 핵심이다. 결국 신뢰하는 곳에 일을 맡긴다. 사람도 오래 봐야 알 수 있듯이, 회사도 오래 봐야 알 수 있다. 신뢰감을 쌓는 방법은 그저 시간이 지나도 변하지 않는 믿음직한 자세와 행동을 보여 주는 것이었다. 쉬운 것 같지만 어렵기도 하다. 직수출하기까지 수년이 걸렸으니 말이다. 하지만 꾸준한 노력은 배신하지 않았다. 하고자 하면 결국 길은 열렸다. 지금도 처음과 같은 자세로 거래가 계속 이어질 수 있도록 노력하는 중이다.

4. 융통성으로 고객 상담 돌파

20대 직장인 시절 그 누구보다 열심히 일했다. 빠르게 업무 파악을 했고 다양한 일을 가리지 않고 열심히 했다. 제일 일찍 출근했고 가장 늦게 퇴근했다. 시간이 지나면서 전체적인 일을 세세한 부분까지 능숙하게 처리해 나갈 수 있었다.

어느 날 고객에게 전화가 왔다. 보습크림을 주문했는데, 뚜껑을 열어 보니 공간이 비어 있다고 했다. 새 제품이 아닌 것 같다며 교환을 요구했다.

"고객님, 화장품 내용물을 무조건 용기에 가득 차게 담는 게 아니고요. 공장에서 50ml 정량으로 담거든요. 용기에 약간의 공간은 있을 수 있어요."

어떤 방법과 절차에 의해 화장품이 생산되는지 설명했다. 그러나 고객은 내 말을 들으려 하지 않았다. 무조건 다시 보내 달라고 했다. 내 기준으로는 말도 안 되는 고객의 반응에 그럴 수 없다고 했다. 제품에는 아무 이상이 없는데 교환 처리를 해 줄 수는 없었다. 상사에게 보고하니 일이

오늘도 엄마 CEO는 인생 돌파 중

복잡해진다고 그냥 교환 처리하라고 했다. 나는 불편한 마음으로 교환해 줄 수밖에 없었다. 며칠 후 다시 그 고객으로부터 연락이 왔다. 이번에도 공간이 비어 있는데, 내용물이 한쪽으로 쏠려 있어서 마치 누가 쓴 것 같다고 했다. 아마도 택배가 배송되면서 상자가 여러 방향으로 움직이기 때문에 내용물이 쏠린 것 같다고 고객에게 설명했다. 고객이 또다시 교환해 달라고 했다. 택배를 다시 보내도 같은 현상일 수 있다고 말했다. 그런데도 고객은 이 제품을 사용할 수 없다고 다시 보내라고 했다. 내 상식으로는 도저히 이해가 안 되었다. 고객과 나의 실랑이는 계속되었다. 서로 소리 높여 말하다 보니 감정적인 대화가 오갔다. 고객이 본사 쪽으로 연락했나 보다. 본사에서 내게 연락이 왔다. 고객에게 교환 처리해 달라고 했다. 나는 본사 담당자에게 그럴 수 없다고 했다. 본사 담당자가 당황하며 나를 진정시켰다. 내 잘못이 아닌 걸 잘 알고 있으나 고객이 강성이니, 본사 뜻에 따라 달라고 했다. 본사 입장에서는 고객에게 교환 못 해 준다고 버티는 나 역시 답답했을 것이다.

내 회사를 운영하면서도 CS는 내가 도맡아 했다. 다행히 고객 불만 건은 한 달에 몇 번 있을까 말까였다. 하지만 간간이 강성 고객은 있기 마련이다. 나는 그때마다 회사 규정대로 처리하려고 했다. 첫 단추가 잘못되면 다 꼬이는 법이라 생각해서 늘 어떤 고객에게든 같은 조건으로 똑같이 처리하려고 애썼다. 공정한 고객 대응이 가장 합리적이라고 생각했다. 하지만 가끔 서로 합의점을 못 찾아 목소리를 높일 때도 종종 있었다. 그렇게 상담하면 과연 누구의 손해가 클까? 고객의 악평이라도 달린다면 그 피해는 고스란히 판매자인 내게로 오게 된다.

나는 예전부터 아줌마가 싫었다. 아줌마들 가까이에는 가고 싶지도 않았다. 시끄럽고 정신없고 남에게 관심은 왜 그리 많은지 오지랖 넓은 행동이 참 마음에 안 들었다. 그런 내가 아가씨에서 아줌마가 되었다. 막상 아줌마가 되니, 나도 아줌마다워지는 게 느껴졌다. 자꾸 다른 사람에게 시선이 가고 마음이 쓰였다. 내가 도와줄 수 있는 건 도와주고 싶었다. 아이를 낳고 키우면서 전에는 깊이 생각하지 않았던 부분에 관심이 갔다. 나 혼자만 잘한다고 이 세상을 잘 살아갈 수 없음을 몸소 느꼈다.

'살면서 예기치 않은 별별 일이 다 생길 수 있는데 어떻게 매번 원리와 원칙에 따라서만 살아갈 수 있을까?'

융통성 없이 꽉 막혔던 나에게 조금씩 변화가 생겼다. 남 일에 관심도 가졌고 공감도 하게 되었다. 원칙을 지키며 원하는 결과에만 관심 두던 내가 사람 사이의 관계와 그 과정이 중요하다는 걸 느꼈다.

예전에는 고객과 상담할 때 매뉴얼과 시스템이 있는 회사라는 걸 보여주고 싶었다. 그래서 고객이나 거래처와 통화할 때는 최대한 사무적인 말투로 프로답게 보이려 했다. 지금은 다르다. 고객이 불만을 토로하면, "어머, 정말 불편하셨겠네요. 정말 죄송합니다."라며 공감하는 말부터 한다. 어찌 보면 아줌마다운 말투로 좀 더 친근하고 다정하게 말하려 한다. 이렇게 고객을 응대하니 훨씬 상담이 쉬워졌다. 고객이 원한 건 전문적인 일 처리가 아니었다. 자신의 불만을 있는 그대로 들어주며 응대해 주면 고객도 합리적으로 생각하려 애쓰며 판매자의 말에도 귀를 기울여 주었다. 그러다 보니 상담은 생각보다 쉬워졌다. 원리와 원칙보다 더 중요한 건 진심 어린 공감이었다.

학교에서 우리는 무수한 지식을 배웠다. 논리를 배웠고 해결하는 방법, 규격화, 체계화를 배웠다. 상황을 판단하고 해결해 나가는 데 있어서 필요한 부분이다. 배운 대로 적용하고 응용하면 좋은 결과를 만들어 낼 수 있다. 그러나 학교에서 '융통성'을 배운 기억은 없다. 융통성은 누가 알려주거나 배울 수 있는 게 아니다. 개인의 성향에 따라 타고나거나, 사회에서 여러 상황에 부딪히고 경험하면서 본인이 스스로 깨치는 부분이다. 융통성이 너무 많아도 문제이지만 적어도 좋지 않다. 사회생활을 잘하려면 지식과 원칙에 대한 이해도 필요하지만, 다양한 상황을 잘 해결해 나가는 적당한 융통성도 필요했다.

전화 한 통화로 돈을 절약할 수 있었던 일이 여러 번 있었다. 매년 은행 담당자는 시중 금리와 회사 평가를 통해 변동된 이율 금액을 알려주었다. 회사 초반에는 '그렇구나.' 하고 마냥 수용했다. 시스템대로 맞게 잘 적용되었을 거로 생각했다. 아줌마가 되니 생각이 달라졌다.

'뭐든 사람이 하는 건데, 한 번 더 얘기해 보자.'

전화기를 들었다. 회사 사정을 얘기하면서 좀 더 이율을 낮출 방법이 없겠냐고 물어보았다. 사무적인 말투보다는 최대한 부드럽게 얘기를 풀어나갔다. 어떨 때는 죽는소리도 해 봤다. 우는 아이에게 젖 준다고, 담당자는 어떻게든 도와주려 했다. 조금이라도 이율을 더 낮출 방법을 찾아주었다. 뭐든 사람이 하는 일이다. 안 되는 건 없다. 전화 한 통화만, 한마디만 더 하면 되는데 그게 아가씨 때는 참 힘들었다. 가격을 깎는 것도 낯 뜨거운 일이라고 생각했었다. 하지만 돈은 정말 소중한 것이다. 내가 지켜야지 누가 지키겠는가. 아줌마가 되니 나도 고객으로서 융통성을 발휘해 보는 적극성도 생기고 돈도 아낄 수 있었다.

벼가 익으면 고개를 숙인다는 말이 있다. 뭐든 내가 맞고 원칙이 중요했던 나 자신이 얼마나 어리석었는지 알게 되었다. 결국, 모든 일은 다 사람이 한다. 원칙도 사람이 만들었다. 사람이 제일 중요하다. 사람을 중시하고 공감하는 마음이 원칙 위에 얹어지면 과정도 결과도 좋은 쪽으로 만들 수 있다.

5. 공과 사는 구분하라고

"매일 메이크업하고 출근해요? 귀찮지 않아요? 와 대단하네요."

지인이 매번 메이크업 상태인 내 모습을 보고 놀라며 물었다.

"네. 저는 매일 메이크업해요. 맨얼굴로 출근한 적이 없어요. 내 외모에 자신이 없어서 그런가 봐요."

농담 어투로 대답했지만, 화장하고 옷매무새 갖추는 건 출근하는 기본 자세라고 생각했다. 내 회사라는 공간에 관한 생각과 의미 부여는 내가 하기 나름이다. 아무리 내 회사이고 보는 눈이 없다고 해도 집처럼 마냥 편한 곳처럼 생각하지 않았다. 만약 편한 운동복차림에 맨얼굴로 출근한다면 어떨까? 매일 아침 출근 준비하는 시간은 절약할 수 있다. 옷이 편하니 마음도 몸도 편하게 느껴질 수 있다. 마치 집에 있는 듯 편한 마음가짐과 자세라면 긴장이 풀어질 수 있다. 회사는 편히 쉬는 공간이 아니다. 언제 무슨 일이 어떻게 발생할지 모른다. 어제보다 나은 오늘을 만들고 오늘보다 나은 내일을 맞이하기 위해 치열하게 고민해야 하는 곳, 내가 일하는 소중한 일터이다. 누군가 중요한 사람을 만날 때, 내 모습을 신경 쓰듯이 사무실 공간도 중요한 장소라고 인식하면 내 모습을 신경 안 쓸 수 없다. TV를 보면 의사가 수술실 들어가기 전 수술복을 입고 양 손에 수술용 장갑 끼는 모습이 참 멋져 보였다. 수술 전 완벽한 준비 완 료 상태! 무슨 수술이든 다 잘 해낼 수 있을 것 같다. 나도 내 회사를 지 키고 발전시키기 위해 나 자신을 단장해서 준비 완료 상태를 만들어 본 다. 약간의 불편함은 긴장과 자극을 준다. 늘 긴장을 늦추지 않고 일하기 위해 나는 오늘도 기꺼이 예쁘게 메이크업하고 멋진 옷으로 갈아입고 출 근한다.

"언니, 사거리에 맛있는 샤부샤부 식당 있거든. 거기서 밥 먹고, 우리 사무실 바로 옆에 있는 스타벅스에서 커피 마시자."

사무실과 가까운 곳에서 지인과 만나기로 했다. 지인은 바로 코앞에 있는 내 사무실로 초대 안 하고 굳이 돈 주고 외부에서 커피를 마시자고 한 나를 의아하게 생각했다. 사무실에는 대화할 수 있는 테이블과 의자 가 있고, 맛있는 원두커피를 언제든 내려 마실 수 있다. 하지만 나는 지 인과 친구를 사무실로 초대하고 싶지는 않았다. 사무실은 내가 일하는 공간이다. 테이블과 의자가 마련된 회의 공간은 거래처 손님을 위한 자 리다. 내 사무실이니까 내 마음대로 할 수는 있다. 하지만 사무실은 나 혼자만의 공간이 아니다. 나뿐만 아니라 회사 구성원 전체의 공간이다.

오늘도 엄마 CEO는 인생 돌파 중

누가 오느냐에 따라 사무실 분위기가 달라진다. 하물며 내 가족이 와도 일에 집중할 수가 없다. 지인과 친구를 사무실에서 만나며 친목을 다진 다면, 내 사무실은 딱 그 정도 공간이 된다. 아무리 아담하고 보잘것없는 사무실이어도 내가 어떻게 가치를 부여하는지에 따라 달라진다고 생각한다. 여전히 사무실은 내게는 긴장되는 업무 공간이다. 개인적으로 사람을 만나서 친목을 다지는 공간으로는 만들고 싶지 않다.

"사장님, 어차피 개인 사업자는 사업자랑 개인을 구분 짓지 않고 하나로 보기 때문에 개인 계좌로 사용하셔도 상관없어요."

은행원이 내 개인 계좌로 입금하려고 해서 사업자 계좌로 하라고 말했다. 그랬더니 은행원은 구분 지을 필요 없다고 내게 설명했다. 내가 몰라서 그러는 게 아니었다. 법인 회사의 주체는 대표이사와 이사들이라면, 개인 사업자는 주체가 사장 본인이다. 그래서 세법상 회사와 대표자를 동일시한다. 회사는 이윤을 추구하는 사회적 집단이며 개인이 만든 개인 회사도 역시 사회에 소속되어 경제 활동을 해 나가는 집단 중 하나이다. 나는 창업할 때부터 지금까지 개인 사업자이다. 개인 사업자는 통장이나 카드를 개인 이름이나 사업자명으로 만들 수 있고 혼용이 가능하다. 회사 거래 자금을 개인 계좌로 사용할 수도 있다. 하지만 나는 개인용과 회사용 계좌를 따로 두고 카드도 용도별로 구분해 사용했다. 그래야 회사 매출 실적과 수익률을 정확히 계산할 수 있었고 내가 개인적으로 한 달에 얼마나 쓰는지 정리할 수 있기 때문이다. 세법은 하나로 보지만, 나는 구분했다. 나와 회사를 떼어 놓았다. 내 개인 지출과 회사 운영이 서로 영향을 받지 않도록 하는 최소한의 장치를 만들었다. 갑자기 목돈이 통장에 들어와도 그 돈은 내 개인 돈이라 생각하지 않았다. 사실 수익이 많이 생기면 내가 많이 가져가도 전혀 문제가 없다. 대신 벌어들이는 만큼 세금만 정확하게 납부하면 될 일이다. 하지만 나는 내 기준대로 선을 그었다. 누군가는 나 보고 답답하다고 말하기도 했다. 대표라는 자리에 걸맞게 씀씀이를 늘려도 된다고 말이다. 그렇게 때로는 멋들어지게 지출도 하면 회사 운영에 대한 마음가짐도 여유로워지고 좀 더 업무 능력도 더 좋아질 수 있다고 했다. 전부 틀린 말은 아니지만, 무조건 맞는 말도 아니다. 내 나름의 원칙을 지키며 개인 지출에는 융통성을 보이지 않으려 노력했다. 그러다 보면 통장에 잔액이 많아도 이건 내 개인 돈이 아니라는 생각을 하게 된다. 내 돈처럼 함부로 지출하지 않는다. 이미 회사 초기에 찢어지게 가난해 봐서 돈 한 푼이 얼마나 소중한지를 경험한 바 있다. 줄줄 새는 돈을 만들지 않으려 했다. 회사 매출이 바닥이어도 내가 10년 넘게 버틸 수 있었던 이유다. 답답하지만 철저했던 나만의 돈 관리법 때문이었다.

회사 자금을 개인 돈처럼 쓰는 사장님들을 종종 본 적이 있다. 분명 회사에서 필요한 자금을 지원받았을 텐데 어느새 집도 이사하고 차도 바뀌었다. 능력이 되면 어떻게 돈을 쓰던 그건 개인이 판단할 일이다. 하지만

오늘도 엄마 CEO는 인생 돌파 중

회사 사정도 안 좋은데 자금을 개인 소유인 것처럼 쓰다가 회사 문을 닫거나 대표 자리에서 쫓겨나는 등 끝이 안 좋은 경우를 몇 번 보았다. 회사는 거래 규모가 있기 때문에 개인보다는 통장 잔액이 많은 편이다. 하지만 언제든 지출되어야 하는 돈일 수 있다. 만약 개인 돈과 회사 돈을 합쳐 운영하면 마치 모두 내 돈처럼 느껴질 수 있고 나도 모르게 씀씀이가 커질 수 있다고 생각한다. 그래서 시간이 흘러도 늘 조심하고 주의하고 있다.

늘 바닥만 보이던 회사 통장 잔액이 조금씩 쌓이기 시작했다. 대출을 갚아나가는 형편도 마련되었다. 회사와 개인을 철저히 구분 짓는 나만의 13년 차 자금 관리법이 효과가 있었다. 회사가 곧 나일 수도 있고 아닐 수도 있다. 대표자와 회사의 운명은 같다. 그러나 회사 운영은 내 개인 생활과 구분했다. 단순히 나만을 위한 작은 개인 회사가 아니다. 규모는 작아도 소비자에게 양질의 제품을 제공하는 중요한 임무를 가진 회사라는 가치를 부여해 본다.

6. 로또 당첨을 원하면 로또를 사라

"수녀님, 제가 소원이 딱 하나 있거든요. 로또에 당첨되게 해 달라고 매일 기도하고 있어요. 제 기도를 주님이 들어주실까요?"

수녀님이 답하셨다.

"로또에 당첨되고 싶으면 기도 그만하고 얼른 가서 로또를 사세요."

뭐든 행동으로 옮겨야 결과가 있는 법이다.

'될까? 안될까?'

생각만 하면 바뀌는 건 없다. 우리는 처음부터 정확한 결과를 알고 싶어 한다. 확신이 생겨야 움직인다. 결과가 막연하게 느껴지면 동기 부여도 안 되고 겁이 나고 부정적인 생각이 깊어져 결국 한 발짝도 내딛지 못하고 끝나게 된다. 누구나 처음부터 결과를 예측할 수 없다. 목표에 닿는 자세한 방법도 알지 못한다. 먼저, 한 발짝을 내디뎌야 한다. 한 걸음, 두 걸음 걸으며 시행착오를 겪을 수도 있다. 그러면서 나만의 방법을 찾아

오늘도 엄마 CEO는 인생 돌파 중

나가는 것이다. 시작하지 않으면 절대 결과가 나올 수 없다.

　일본으로부터 화장품 OEM만 발주가 들어오다가 처음으로 식품 발주를 받았다. 국내에서는 화장품만 취급해 왔다. 식품은 경험도 정보도 없었다. 3년 전쯤, 일본에서 우리가 식품도 취급하냐고 물었다. 건강식품도 수입하고 싶다고 했다. 화장품이라면 어떤 품목이든 가능하겠지만 식품은 해당 분야가 아니라서 진행할 수가 없었다. 이후로 미련이 남았다. 식품에 대한 지식은 전혀 없었지만 진행할 수 있는 최소한의 장치는 마련해 두고 싶었다. 식품 발주 및 유통이 가능해지려면 관련 신고증이 필요했다. 필요한 절차를 알아봤다. 교육도 듣고 시험도 봐야 했다. 틈틈이 하나씩 준비해서 유통 전문판매업을 취득하고 영업 신고증을 받았다. 법적인 틀을 마련해 놓았다. 하지만 일본에서는 이후 몇 년 동안 식품에 관한 요청은 없었다.

　화장품처럼 식품 유통업자도 매년 교육을 듣고 시험 봐야 했다. 여간 귀찮은 게 아니었다.

　'어차피 할 것도 아닌데 그냥 시험 보지 말까. 그만둘까?'

　하지만 혹시 모르는 일이라며 3년간 자격을 유지해 왔다. 그러던 어느 날, 일본에서 갑자기 '다이어트 커피'를 발주하겠다고 했다. 일본에서 타깃 제품을 알려줘서 공장을 일일이 찾아다니며 맨땅에 헤딩할 필요도 없었다. 생산 공장도 정해져 있고 내용물도 타깃과 맞추기만 하면 되었다.

식품을 수출하기 위한 복잡한 절차는 없었다. 일은 생각보다 쉽게 진행되었다. 처음으로 식품 발주를 받은 것 치고는 정말 순조로웠다. 오히려 화장품보다 간편한 부분도 있었고, 발주 수량 단위가 커서 매출액도 컸다. 진행할 수 있는 틀을 준비해 놓고 있었기에 가능한 일이었다. 최소한의 장치마저 마련하지 않고 있었다면, 이 좋은 기회를 그냥 날려 버렸을 것이다.

회사 다니던 시절, 내가 기획해서 개발한 선크림이 있었다. 답답함을 싫어하는 20대가 타깃이었다. 입소문을 내고 싶었다. 온라인 홍보 및 광고 외에 특별한 이벤트를 하고 싶었다.

'각 대학교를 찾아가면 어떨까? 무료로 나눠 주면서 입소문을 낸다면?'

온라인 제품이라 늘 온라인 홍보만 해 왔다. 오프라인 홍보 경험이 있는 직원은 없었다. 혼자 고민하며 기획했다. 동료들과 이벤트 행사를 하러 나갔다. 첫 장소는 '이화여대' 앞이었다. 결론부터 말하자면, 이벤트는 폭망이었다. 우선, 타깃이 잘못되었다. 여성이 타깃이라고 생각해서 여대에 갔는데, 여대 분위기는 개방적이거나 자유분방하지 않은 느낌이었다. 선크림을 무료로 나눠준다고 해도 거들떠보지도 않았다. 그리고 준비가 너무 부족했다. 재밌거리도 없었고, 이벤트를 멋지게 꾸미지도 못해서 주의를 끌기에 부족했다. 그렇게 이벤트를 망치고 며칠 뒤 과장님이 나를 불렀다.

"나는 솔직히 윤 대리가 기획력이 부족하다고 생각해. 사장님이 결재해 주시니까 하긴 했지만."

첫 이벤트 행사에 함께 나갔다가 엉망인 모습을 본 후 내게 한소리 했다. 애초에 행사 준비는 도와주지도 않았으면서 뒤늦게 저런 얘기를 왜 할까 싶었다. 자존감은 바닥을 쳤다. 하지만 여기서 끝내면 실패였다. 나는 제대로 다시 행사를 진행하고 싶었다. 사무실에서 기획만 하다가 직접 나가서 부딪혀 보니 무엇이 부족하고 어떤 걸 보완해야 할지 잘 알 수 있었다. 다시 정비해서 나가기로 했다.

그로부터 한 달 뒤, 두 번째 행사를 진행했다. 디자이너가 나서서 멋지게 홍보자료를 준비해 주었다. 다트판을 만들어서 게임 요소도 추가했다. 홍대 앞으로 갔다. 확실히 전보다는 북적거림이 있었다. 점점 사람이 모여들었다. 사람들이 다트 게임을 하기 위해 줄을 섰다. 당첨되면 직원들과 함께 사진도 찍었다. 비로소 행사 분위기가 느껴지기 시작했다. 많은 분이 이벤트에 참여했고 함께 즐거워했다. 사무실로 돌아와서 행사 때 찍었던 사진들을 편집해서 온라인 마케팅 자료로 활용했다. 선크림 상세 페이지에 삽입하니 추가 홍보 효과를 만들 수 있었다. 한 달에 한 번씩 오프라인 행사를 했고 사진 자료도 꾸준히 온라인에 올렸다. 선크림의 인지도가 올라가고 매출이 조금씩 늘었다. 대학교 앞 행사로 인해 제품 콘셉트도 명확해졌다. 한 번도 경험이 없었던 오프라인 이벤트였다. 아무런 배경지식이 없었다. 그야말로 맨땅에 헤딩해야만 했다. 방법도 몰랐고 완벽할 수 없어서 시도조차 안 했다면 선크림이 그 정도 효과는 거두지 못했을 거다. 첫 번째는 무참히 깨졌고 내 자존심에도 큰 상처가 났지만, 부족함을 토대로 바꿔야 할 부분을 배웠다. 행사는 할 때마다 조금씩 업그레이드가 되었다.

한 발짝 내딛기만 하면 그다음부터는 가야 할 길이 보였다. 그 길 따라 보완해서 나가면 되었다.

누구에게나 처음은 있다. 처음엔 모든 게 새롭고 어려워서 두려울 수 있다. 아직 가보지 않은 길이라 두렵다. 내 안에 두려움이 생기는 건 당연하다. '시작이 반이다.'라는 말이 그냥 나온 게 아니다. 시작이 그만큼 어렵지만, 한 걸음만 내디디면 된다. 행동의 첫걸음만 옮기면 그다음은 묵묵히 걸어가고 있는 나를 발견할 수 있었다.

로또 당첨을 원하면 로또를 사는 것부터 시작하면 된다. 자전거를 잘 타고 싶으면 페달을 밟으면 된다. 처음은 넘어질까 봐 두려움으로 가득하다. 몸은 긴장되고 떨린다. 발을 떼기가 어렵다. 하지만 용기를 내어 발을 내디뎌 본다. 거기서부터 시작이다. 시작해야 굴러간다. 나는 오늘도 새로운 페달을 굴려 본다.

7. 포기할 수 없는 이유를 찾아라

"너 이대로 계속 가면 진짜 큰일 나. 지금 하는 일 중 한두 개는 꼭 줄여. 알겠지? 내가 나중에 확인해 볼 거야."

"언니, 나 몸이 힘든 것도 맞고 시간 없어서 매일 바쁘게 사는 것도 맞는데, 그냥 다 할래. 뭐 하나 포기할 수 있는 게 없어. 나 할 수 있을 때 다 할래."

내 대답을 듣고 순간 당황하는 언니의 표정이 보였다. 얼마 전 맘모톰 시술을 받고도 일을 안 줄이겠다고 하니 놀랄 만도 했다. 사실 나도 겁이 났다. 내 몸에 자신이 없고 걱정이 가득했다. 그런데도 내가 벌인 일 어느 것 하나도 내려놓기 싫었다.

"사람이 언제 죽을지 모르잖아. 나는 내 몸에 자신이 없어. 오래 살 수 있을까 생각도 되고. 그래서 언제 죽을지 모르니까 지금 하고 싶은 거 다 할래."

모든 일이 소중하다. 살다가 갑자기 혜성처럼 내 앞에 툭 떨어진 일이 아니다. 10년 넘게 하는 본업, 선물 같은 두 번째 직업, 그리고 글과 책 쓰는 일까지, 모두 내가 힘들게 노력해서 만들어 낸 것이다. 도전하고 해내면서 내가 조금씩 발전하는 게 느껴졌다. 여기서 멈추면 내 인생도 멈추는 느낌이었다. 건강은 내가 좀 더 노력하면 된다. 일어나지도 않은 일로 걱정하며 새로운 인생을 포기하고 싶지는 않았다.

'다시 직장인이 된다면?'

회사를 운영하면서 그만두고 싶은 생각을 참 많이 했다. 앞이 안 보여 두려웠고 두 어깨에 짊어진 무게가 무거워 힘들었고 외로웠다.

'차라리 직장을 알아볼까. 최소한 월급 보장은 되잖아. 내가 이 모든 것 책임 안 져도 되잖아.'

CEO의 삶이 버거울 때는 직장인이 그저 부러웠다. 내 그릇보다 훨씬 큰 걸 담으려고 한 것 같아 지치고 힘들었다. 하지만 이미 시작한 사업이다. 곧 무너질 듯 버겁게 돌아가고 있다고 해도, 이를 멈춘다는 건 절대 쉬운 일이 아니었다. 게다가 지금 힘든 것보다, 일을 포기한 이후 내가 맞닥뜨리게 될 현실이 두려웠다. 저 나락으로 떨어져서 다시 못 올라올 것만 같았다. 포기하면 실패로 연결된다. 실패라는 인생 딱지를 받는다면 이후 내 삶이 얼마나 불행해질지 생각만 해도 겁이 났다. 직장인, CEO, 전업주부의 스트레스 중에서 누가 더 크다고 어떻게 비교할 수 있을까. 어떤 상황이든 그 나름의 문제가 생기기 마련이고 스트레스는 받

　　　　　　　　　　　오늘도 엄마 CEO는 인생 돌파 중

을 수밖에 없다. 지금 내가 속한 자리에서 잘 해결해서 나가면 된다. 단지 힘들다고 하던 일 그만두고 다른 일로 바꾸거나 다른 위치로 간다고 해도 바뀔 건 없다. 내용만 달라질 뿐 내가 받는 스트레스는 똑같을 수 있다. 평행이동하는 쳇바퀴일지도 모른다. 그럼 차라리 포기해서 실패하는 경험보다는 죽이 되든 밥이 되든 하나를 물고 늘어지는 게 경험치를 쌓는데 더 좋을 거로 생각했다.

몇 년 전, 워킹맘인 여동생은 주말부부라서 혼자서 아이 둘을 돌봐야만 했다. 매일 아침 아이 두 명을 각각 어린이집과 유치원에 맡기고 회사에 출근했다. 퇴근하자마자 목 빼고 기다리고 있는 아이들을 데리러 가기 바빴다. 집에 들어서자마자 저녁을 차리고 아이들을 씻기고 재우고 나면 이미 밤은 늦었다. 하루 24시간이 빡빡하게 돌아갔다. 아이가 아픈 날에는 회사 눈치 보며 연차를 써야 했다. 직급은 올라가고 회사에서 기대하는 바는 많았지만, 매일 칼퇴근하면서 받는 눈치는 여동생이 감당해야 할 몫이었다. 참다못해 여동생이 회사를 그만두겠다고 했다. 친정 부모님이 난리가 났다. 부모님 두 분이 번갈아 가며 동생에게 연락해서 그만두지 말라고 하셨나 보다. 동생이 내게 전화해서 하소연했다. 자신은 이렇게 힘든데, 왜 부모님은 더 버티라고 하는지 모르겠다고 했다. 자기보다 돈이 더 중요하냐며 속상해 했다. 정 힘들면 아이를 봐 줄 테니 친정으로 보내라는 얘기까지 나왔다고 했다. 자식과 떨어져 사는 건 말도 안 된다고 동생이 울먹거렸다. 대기업에 다니며 풍족하게 사는 동생의 인생을 볼 때 부모님은 반대하실 만했다. 나는 같은 워킹맘으로서 동생 입장과 부모님 입장이 모두 이해가 갔다.

"멀리 떨어져서 너 혼자 다 하기 진짜 힘들겠다. 나 같으면 못 버텼을 거야. 근데 너 그만두면 지금처럼 사고 싶은 거 마음껏 못 사. 여행도 잘 못 다닐 수도 있어. 허리띠 졸라매고 살아야 해. 너 급여 대략 500만 원만 잡아 계산해 보면, 지금부터 꾹 참고 10년만 더 일해도 6억이야. 네 인생에서 6억이 있고 없고의 차이가 얼마나 클지 생각해 봐."

동생 마음을 다독여 주면서도 현실적인 계산도 해 줬다. 선택은 동생 몫이었다. 결국 동생은 조금 더 버티기로 했다. 꾸역꾸역 회사에 다녔고 1년 후 다른 지역에 있던 제부는 동생 집 근처 회사로 이직했다. 동생은 주말부부도 청산했고 조금 더 나은 상황에서 지금까지 회사 생활을 잘해 오고 있다.

지금까지 쭉 해 오던 뭔가를 포기하는 것, 특히 직업을 포기한다는 건 내 인생의 길을 완전히 바꿔 놓는 것과 같을 수 있다. 포기한 이후의 삶을 고려해 봐야 한다. 돈은 지극히 현실적인 문제다. 물론, 육아와 일 두 가지를 함께 하는 건 힘들다. 어떤 게 맞고 틀렸다고 판단할 수 없다. 개개인이 처한 상황이 모두 다르고 각자의 가치 기준이 다르다. 나는 지금도 가끔 생각해 본다.

오늘도 엄마 CEO는 인생 돌파 중

'지금 내 사업을 그만둔다면, 내가 아이 교육에 더 집중할 수 있지 않을까? 내 자기 계발에 더 많은 시간을 쏟을 수 있지 않을까?'

내 일을 포기하면 자유시간은 늘어나겠지만, 수입은 줄어든다. 그런 상태에서 지금과 같은 마음으로 아이를 교육하고 자기 계발할 수 있을 것 같은 확신이 안 들었다. 줄어든 수입만큼 소비를 줄여 생활하면서 받는 스트레스도 클 것 같았다. 스스로 위축되고 삶의 활동 반경이 줄어들게 분명했다. 그래서 회사 일과 육아를 병행하기로 결심했다. 자기 계발도 틈틈이 해 나가고 뭐 하나 포기하지 않기로 했다.

돌아가는 바퀴를 멈춰 세우는 것은 엄청난 반대 힘이 있어야 한다. 받는 충격이 꽤 크다. 이후 삶에도 큰 변화가 온다. 포기하려면 그걸 감당해 낼 자신이 있어야 가능했다.

시간을 쪼개 써야만 하는 바쁜 일상에서 오히려 에너지를 더 얻는다. 그 힘으로 많은 걸 해낸다. 하루 중 잠자는 몇 시간 외에 늘 켜져 있는 내 열정을 꺼뜨릴 이유는 없었다.

포기할 이유는 없었다.

8. 갑질 당하는 갑이 살아남는 법

　요즘에는 '갑을' 개념이 사라졌다고 하지만 계약서에는 여전히 '갑'과 '을'로 표기하는 경우가 많다. 발주처는 보통 '갑'이고 수주처는 '을'이다. 글로벌 기업인 '한국 콜마'와 거래해도 내 회사는 계약서에서 '갑'으로 표기되었다. 그렇다고 진짜 갑의 위치에 있는 게 아니다. 규모가 더 큰 회사가 실질적인 주도권을 가지게 된다.

　부자재와 화장품 내용물을 발주할 때 공장이 제시하는 수량 이상을 해야 한다. 최소 발주 수량을 Minimum Order Quantity, 줄여서 'MOQ'라고 통칭한다. 공장에 따라 다르긴 하지만 용기는 보통 1만 개 혹은 5,000개, 더 작게는 3,000개 이상을 발주해야 한다. 수량이 적어질수록 단가는 높아진다. 그 외에 단상자, 내용물도 각각의 MOQ를 맞춰야 한다. 내용물은 기본이 5,000개이며, 3,000개까지도 수용하는 공장도 꽤 있다. 화장품의 사용기한은 보통 30개월~3년이다. 제품 생산 후 2년 안에 모두 판매하는 게 좋다. 사용기한이 임박한 제품을 고객이 원치 않기 때문이다. 사용기한이 지나면 판매자는 돈을 들여 만들었음에도 폐기 처리를 할 수밖에 없다.

회사가 제품 구색을 갖추려면 품목이 여러 개 있어야 한다. 나는 보유 자금이 부족했고, MOQ를 맞추기도 힘들어서 동시다발적으로 여러 개의 신제품을 출시하기가 어려웠다. 마침, 중간에서 소규모 회사와 규모가 큰 OEM 공장을 연결해 주는 업체가 있었다. 덕분에 비교적 적은 양의 발주도 가능했다. 초반 500개부터 시작했다. 적은 수량이라 부담은 없었지만 그만큼 단가는 높았다. 몇 년간은 적은 수량과 높은 단가로 진행하며 재고 부담을 덜었다. 요구를 수용해 준 중간 업체 대표에게 의지할 수밖에 없는 구조였다. 대신 나는 마케팅 방법이나 거래처 등의 정보를 거래처 대표에게 최대한 공유했다. 시간이 흐르면서 발주량을 1,000개, 2,000개까지 늘렸다. 하지만 기본 수량이 되지 않으니, 거래할 때마다 껄끄러웠다. 단가는 수시로 올라갔고 일 처리가 늦어졌다. 내가 요구하는 것도 잘 받아들여지지 않아서 답답했다. 변화가 필요했다.

결국 문제가 터졌다. 판매하던 비비크림을 리뉴얼 하면서 용기에 표기할 내용을 바꿔야 했다. 기존 용기를 못 쓰게 되어 새로운 용기를 제조 공장에 보냈다. 이후 생산된 완제품을 받았는데, 기존에 남아 있던 용기와 새로 보낸 용기가 뒤섞여 있었다. 기존 용기는 표기 내용이 달라서 사용하면 안 되었다. 거래처 대표에게 상황 설명을 하고 답을 기다렸다. 거래처 대표도 공장에 연락하고 상황 파악을 할 시간이 필요하다고 생각했다. 한 달 만에 답이 왔다.

"아이뷰에서 기존 자재 처리에 대한 언급이 없었기 때문에 아이뷰에도 책임이 있습니다. 리뉴얼 전 튜브는 어떻게 하나요? 앞으로 거래가 쉽지 않을 듯합니다."

정말 황당했다. 책임을 내게 떠넘긴 것이다. 표기 사항이 조금 바뀐 것뿐인데 그냥 사용하면 안 되겠냐고 넘어가자는 식이었다. 알고 보니, 공장에서는 기존 자재를 어떻게 처리할 건지 거래처 대표에게 물었고, 거래처 대표는 나와 상의 없이 임의대로 그냥 사용하라고 지시해서 벌어진 일이었다. 내 회사에 관한 관심이 떨어지니 일 처리가 엉망이 되어 가고 있었다. 게다가 최근 들어 거래처 대표는 거래가 쉽지 않다는 말을 반복했다. 그동안, 이 한마디가 무서워서 끌려왔지만 이제 더 이상 참으면 안 되겠다고 생각했다. 상황을 조목조목 따져보기로 했다. 최악의 상황까지 갈 수 있겠다는 각오를 했다. 거래 이후 처음으로 내 성질대로 들이박았다.

"사장님의 역할은 공장에서 문의한 것을 저에게 확인하고 정확한 답을 전달해 주시는 겁니다. 중간에서 잘못 대답한 사장님 책임 아닌가요? 제게 연락 한 번만 해 줬어도 이런 일은 발생 안 했을 텐데요. 정 곤란하시면 공장 담당자의 연락처를 알려주시면 제가 직접 공장과 해결하겠습니다."

중간 역할에서 빠지라는 의미로 말했다. 답답한 상황이 중간에서 발생이 되고 있었기 때문에 직접 공장과 거래를 하고 싶은 마음이었다.

"그렇게 생각하면 반품도 알아서 처리하시고 발주도 직접 하세요."

내가 원하던 답이 나왔다. 연락처를 알려 달라고 했다.

"공장에 연락해서 알아보세요. 이제부터 알아서 하세요. 아이뷰가 언제부터 직접 공장과 거래했나요?"

직접 하라고 했지만, 연락처를 알려주지는 않았다. 직접 거래는 안 된다는 뜻이었다. 결국 잘못 나온 수량에 대해 거래처 대표가 환불해 주었다. 하지만 회사 관계는 이미 금이 갔다. 중간 업체와 약 8년 정도 거래를 이어왔는데 이제는 끝을 내고 싶었다. 그래서 중간 업체를 제치고 공장에 직접 발주를 넣어보았더니 반려되었다. 직접 발주는 안 된다고 했다. 그동안 겪었던 일들을 설명하고 직접 거래하고 싶다고 요청했다. 담당자는 알겠다고 했지만, 곧 다시 안 된다는 답변을 받았다. 담당자 윗선에서 막혔다고 했다. 방법이 없었다. 며칠 후 거래처 대표에게 연락이 왔다. 원하던 대로 공장이 발주를 잘 받아주었냐고 내게 물었다. 본인이 없으면 진행이 안 될 거라는 자신만만한 말투였다. 마침 재고가 떨어져서 재발주가 급히 필요한 상황이었다. 나는 자존심 꾹 누르고 발주를 부탁했다. 이후 한두 차례 추가로 발주를 더 하고 나서야 거래를 멈출 수 있었다. 거래처를 통해서 출시했던 제품은 하나씩 단종시켰다. 각 제품은 다 내가 낳은 자식 같은 느낌이어서 마음이 아팠다. 애용해 주는 소비자도 많았고, 내가 사업을 이어갈 수 있게 제 역할을 다 해 준 제품들이었다. 하지만 생산과정에서 매번 문제가 발생했고 단가가 너무 높아져 수익성이 떨어졌다. 그래서 활발한 홍보를 못 하니 판매량도 점점 떨어져서 단종하기로 했다. 앞으로는 다른 공장에서 신제품을 만들기로 했다. 이제 중간 업체 없어도 MOQ를 맞추며 거래할 수 있는 다른 공장이 생겼다. 거래처 대표에게 의지해서 질질 끌려가는 걸 끝내기로 했다. 그동안 내 회사는 계약서에서만 '갑'이었다. 무늬만 갑, 종이 쪼가리 갑이다. 회사가 작으면 거래할 때 불이익은 분명 존재한다. 회사 규모가 클 때까지는 불이익도 감당해야만 했다.

거래는 가능하면 직거래가 가장 좋다. 처음엔 중간 딜러의 도움을 받아 소량 생산을 했다. 재고 부담을 줄일 수 있었다. 그러나 시간이 지나면서 상황이 바뀌고 여러 문제가 발생했다. 어제의 이익이 오늘의 손해로 바뀌는 순간이 왔다. 환경과 조건 등 상황은 늘 변한다. 때로는 과감하게 끊어내고 변화를 줘야만 앞으로 나아갈 수 있었다. 일본에 수출할 때도 처음에는 중간 에이전트 덕분에 회사가 버틸 수 있었지만 나중에는 오히려 회사가 무너질 뻔했다. 국내 거래도 마찬가지였다. 거래 단계가 많아질수록 단가도 높아지고 문제가 발생할 확률도 커질 수 있다. 자금력이 없었던 나는 8년이 지나서야 겨우 중간 단계를 끊어낼 수 있었다.

아직도 여전히 실질적인 갑이 아니다. 공장이 좋아할 만큼의 많은 수량은 아니지만 '최소 발주 수량'은 맞춘다. 규모는 작아도 일 처리 간편하고 결제가 깔끔한 회사가 되려고 노력한다. 그래야 공장에서도 신뢰하고 협조해 줄 수 있다. 노력하고 신경 쓰는 만큼 거래 관계가 지속되고 좋은

오늘도 엄마 CEO는 인생 돌파 중

제품이 잘 나오는 게 가장 중요하다. 거래 관계에서 갑, 을이 중요한 게 아니다. 본질에만 집중하면 된다.

워킹맘 돌파 준비 4단계!

: 오늘보다 더 나은 내일을 위해 도전하라

1. 때로는 '버티기'가 가장 좋은 방법이다.

2. 많은 실패 경험이 내공으로 쌓인다.

3. 사람이 하는 일, 적절한 융통성이 최고의 방법이다.

4. 시작해야 굴러간다. 용기 내어 한 걸음 내디뎌 본다.

5. 어제의 이익이 오늘의 손해로 바뀌는 순간, 끊어내야 한다.

나는 어제보다 더 나은 _____ 이다/다.

1. 나는 _____을 도전한다.

2. 나는 _____을 도전한다.

3. 나는 _____을 도전한다.

오늘도 엄마 CEO는 인생 돌파 중

**꿈꾸는 삶으로! 워킹맘,
인생 감독이 되다**

1. 삶의 파이 늘리기

내 삶은 외골수와 외골수가 아닌 삶으로 나눌 수 있다. 외골수란 단 한 곳으로만 파는 사람을 이르는 말이다. 나는 쭉 외골수였다. 주로 관심 있는 한 가지에 몰두하는 타입이었고 잡학 다식이나 다재다능과는 거리가 멀었다. 중, 고등학생 때는 영어가 재밌고 좋았다. 시험 때마다 교과서를 통으로 외워 버려서 늘 100점이었다. 고1 때 반에서 한두 명씩 뽑아서 미군 부대에 있는 군인들과 만나는 기회가 주어졌다. 영어 선생님은 나를 추천해 주었다. 한두 마디라도 영어로 대화할 수 있는 게 신기하고 재밌었다. 영어 잘하는 친구 따라 주말마다 영어예배에 다니기도 했다.

대학교에 입학 후 중국어중국학과에 들어갔다. 그때부터 나는 중국어에 푹 빠졌다. 6년 넘게 좋아하며 공부해 왔던 영어는 이미 내 관심에서 사라졌다. '오다'라는 말을 들었을 때 중국어 '来 lai'만 바로 떠올랐고 영어 'come' 같은 쉬운 단어도 생각 안 날 정도였다. 6년 동안 공부했던 영어였고 이제 막 시작한 중국어였다. 이런 나 자신이 참 황당했다. 어설프

게 두 외국어가 나를 헷갈리게 하기보다는 하나에 집중하는 게 더 낫다고 생각했나 보다. 영어는 내 머릿속의 지우개가 되어 버렸다. 1년 동안 북경에서 어학연수를 하면서 중국어에 더 빠져들었다. 발음이 정확하고 말 잘한다는 칭찬을 종종 들었다. 처음 보는 중국인들은 내게 '너는 어느 나라 사람이니?'가 아닌 '너는 어느 소수민족이니?'라고 묻기도 했다.

졸업 후, 화장품 회사에 입사한 순간부터 내 관심은 오로지 화장품에 있었다. 책과 인터넷을 찾아보며 화장품 성분에 대해 독학했고, 화장품 하나 가지고도 한참을 이리저리 써 보고 씻어 보고 별짓 다 했다. 샴푸로 빨래도 해 봤고, 페이스 크림을 팔과 다리에 발라 보기도 했다. 덕분에 종일 피부가 간지러워 고생한 적도 있다. 비비크림을 얼굴에 한 번 발랐을 때와 두세 번 발랐을 때 어떻게 다른지 테스트하고 사진 찍어 비교했다. 아수라 백작처럼 얼굴 반을 갈라 서로 다른 제품을 양 볼에 바르고 비교해 보는 건 일상다반사였다. 화장품이 매일 가지고 노는 내 장난감 같았다. 한 가지에 푹 빠져 몰두하면 깊이 들어갈 수 있었다. 짧은 시간 안에 많은 걸 배울 수 있고 집중할 수 있어 좋았다.

30대 후반의 어느 날 『아티스트 웨이』라는 책을 읽으면서 내 삶에 변화가 찾아왔다. 책에는 '삶의 파이'라는 용어가 나온다. 내 일상을 하나의 원형 파이로 놓고 몇 가지 파이로 일상을 채우고 있는지 나눠 봤다. 회사, 육아, 운동 정도였다. 파이 그림을 그려보니, 딱 보기에도 인생이 단

오늘도 엄마 CEO는 인생 돌파 중

조롭고 재미없어 보였다.

"어차피 한 번 사는 인생인데, 너무 재미없게 사는 거 아냐? 몇 가지 밖에 못하고 죽으면 너무 억울한데?"

이렇게 살든 저렇게 살든 시간은 가고 나이를 먹고 삶의 끝이 온다. 딱한 번 주어진 내 남은 인생을 지금과는 좀 다르게 살고 싶었다. 더욱 다채롭게 삶을 만들어야겠다고 생각했다. 파이를 더 세세하게 쪼개기로 했다.

첫 번째는 종교 생활이다. 둘째 임신 후 몸이 힘들어 성당에 못 나갔다. 출산 후에도 코로나 때문에 성당에 나갈 수가 없었다. 하지만 종교는 내 삶에서 중요한 부분이라 어떻게 하면 좋을지 고민했다. 내가 찾은 해결법은 '미사를 드리러 못 가도, 성경 말씀 매일 읽기.'였다.

다음 날부터 아침 기상하자마자 성경책부터 꺼내 들었다. 매일 5~10분을 읽었다. 아침에 시간이 좀 남으면 출근길에 잠시 성당에 들렀다. 성당에 홀로 앉아 기도하고 출근했다. 이렇게 조금씩 종교에 대한 파이를 넓혀 갔다. 답은 내 안에 있었다. 하고자 하는 마음만 있으면 방법은 있기 마련이다. 하루에 단 5분만 투자해도 되었을 일이었다.

두 번째로 내가 넓히고 싶은 삶의 파이는 '자기 계발'이었다. 영어 공부를 해야겠다고 생각했다. 돌고 돌아 다시 영어다. 아이들에게 '엄마표 영어'를 해 주려니, 내가 영어를 잘해야 했다. 또한 영어를 자유자재로 말하는 내 모습을 상상하면 가슴이 뛰었다. 세계 곳곳을 여행 다니며 영어로 다양한 사람과 대화하는 게 내 꿈이다. 틈틈이 영어 공부하며 내 삶에서 빠져나갔던 영어를 다시 끌고 왔다.

세 번째 파이는 '놀기'였다. 좀 엉뚱하긴 한데 일탈이 필요했다. 일과 육아에서 오는 즐거움, 가족과 함께하는 행복이 전부라고 생각하며 살아왔다. 이제는 나 자신만을 위해서 나로 인해 즐거워지고 싶었다.

"내가 놀 수 있는 게 뭘까, 또 어떻게 시간을 내지?"

가볍게 생각하고 지나가지 않았다. 꼭 풀어야만 하는 과제처럼 매일 고민했다. 그러지 않았으면 답은 못 찾았을 것이다. 워킹맘의 삶은 치열하고 바빴으니까 말이다. 혼자만의 시간을 틈틈이 늘렸다. 회사 점심시간에 식사 후 혼자서 음악을 들으며 산책하고 온다거나, 조금 일찍 퇴근할 때는 집으로 바로 향하지 않고 쇼핑하기도 했다. 예쁜 것을 바라보고 만져 보는 시간이 그저 즐거웠다. 아이들이 옆에 있으면 "뛰지 마. 조심해."를 연신 외쳤을 거다. 하지만 내 옆엔 아무도 없었다. 내가 보고 싶은 것만 보면 되었다. 때로는 제빵 유튜브 영상을 찾아보고 나만을 위한 저탄수화물 쿠키를 만들었다. 새벽에 시간을 내 일찍 일어나서 하는 나만의 놀이였다. 만드는 재미, 먹는 재미가 있었다. 누군가에게는 굉장히 평범한 일상이겠지만 내게는 특별했다. 그 시간을 오로지 내게만 집중했다. 틈내서 만든 나 혼자만의 놀이 시간은 정말 즐거웠다. 꼭 시간을 많이 투자하지 않고도 나만의 놀이를 할 수 있었다. 단, 내 의지가 있어야 하고 마음이 간절해야 가능했다. 과제처럼 꼭 해야만 하는 일로 정하면, 하루하루가 바쁜 일상에서도 조금씩 나만의 놀이 시간을 만들 수 있었

오늘도 엄마 CEO는 인생 돌파 중

다. 또한 내가 즐거워지는 시간 역시 점점 늘었다.

지금 나는 매일 책을 읽고 글을 쓴다. 삶의 파이가 어느새 하나 더 늘었다. 매일 바쁘단 말을 입에 달고 살았다. 20대 처녀 시절에도 바빴고 결혼 후에는 살림하느라 바빴고 출산 후에는 육아로 더 바빴다. 나는 지금 6세, 8세 두 아이를 키우면서 본업인 화장품 사업을 하고 영어코치 부업을 하고 있다. 책을 내기 위해 집필도 하고 있다. 몇 년 전부터 삶의 파이를 늘리려 노력했더니, 내 삶은 기대했던 것 이상으로 다채로워졌다. 아이들이 다 크고 나서 새로운 뭔가를 하겠다고 생각했다면 아직 아무것도 시작 못 했을 것이다. 어떤 상황에서든 동력은 내가 만들어 가야 가능하다. 삶을 다양하게 만들어 나가고 싶은 마음만 있으면 된다. '나'라는 캐릭터를 삼인칭으로 바라보고, 내가 그 캐릭터를 가지고 인생 감독을 해 보기로 했다. 딱 한 번 사는 인생을 더 재밌고 의미 있게 살 수 있게 말이다.

내 인생 감독, 내가 해 보니 참 재밌다.

"넌 이미 남이 볼 때 충분히 많은 걸 하고 있어."

얼마 전에 지인에게 들은 말이다. 외골수의 삶은 이미 사라졌다. 삶은 내가 만들기 나름이다. 다채롭고 즐거운 삶, 마음먹고 계획하고 실행하면 된다.

2. 행복을 이어주는 다섯 글자

"행복하세요."

13년 전부터 줄곧 택배 상자에 직접 손으로 적은 다섯 글자이다. 대략 계산해 보니 최소한 지금까지 약 십만 번 이상 적었다. 누군가에게 10만 번 이상 '행복하세요'라고 말한 셈이다.

2001년 12월 김정은 여배우가 빨간 겨울옷에 빨간 장갑을 끼고 활짝 웃으며 "여러분, 부자 되세요."라고 말한 광고가 아직도 기억에 남는다. IMF 한파 이후 불황에 지친 사람들에게 주는 희망적인 메시지라서 온 국민의 공감을 받았다. 진짜 부자가 되진 않아도 부자가 되라는 한 마디의 힘은 컸다. 나도 제품을 구매해 주는 고객에게 힘이 되는 한마디를 꼭 해주고 싶었다. 내가 선택한 한 문장은 '행복하세요'이었다. '행복'이라는 단어가 가장 좋았다. 내가 좋은 건 상대방도 좋을 거로 생각했다. 지금도 매일 그 다섯 글자를 적는다. 어쩌면 십만 번 이상 적었던 '행복하세요'가 나 자신에게 하는 주문이었을 수도 있을 거란 생각이 든다.

오늘도 엄마 CEO는 인생 돌파 중

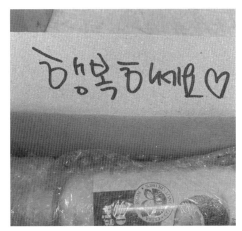
직접 택배 상자에 적은 '행복하세요'

누군가 내게 이렇게 얘기할 수도 있겠다.

"당신이 운영하는 회사는 소위 말하는 대박을 터뜨린 적 없고, 누구나 부러워하는 잘나가는 회사는 아닌데 행복한 거 맞나요?"

회사가 엄청난 성장을 해서 성공했다는 말을 들으면 기쁠 것 같다. 하지만 아직 큰 성공을 안 해도 행복할 수 있는 것 아닌가? 성공과 행복은 유의어도 아니고 무조건 비례관계도 아니니까 말이다. 만약 내가 행복의 기준을 성공에만 두었다면, 나는 지금까지도 여전히 행복하다고 생각하지 않았을 것이다. 뭔가를 해 내고 달성할 때 기쁘고 뿌듯하다. 또한 목표를 이루기까지의 과정도 소중하고 즐거울 수 있다. 이왕이면 일회성 순간보다는 매일 계속 즐겁고 싶다. 물론 더 나은 결과를 위해 늘 노력해야 한다. 시간은 흘러가게 두고 아무것도 안 하는 것만큼 아까운 게 어디 있을까.

노력하고 해내는 과정에 목표를 둔다면 늘 즐겁고 행복할 수 있다.

"오늘 무슨 일 있어? 불만 가득한 표정인데?"

이사님이 한 마디 건넸다. 전날 남편과 말다툼 후 다음 날까지 기분이 안 좋았다. 온 신경이 예민해지니 표정도 안 좋고 툭 내뱉는 말투에도 가시가 박혀 있었다. 일부러 표현하려던 건 아니었는데, 역시 집안이 평온하지 못하면 밖으로 다 드러나나 보다. 평소 잘하던 일도 괜스레 짜증이 났다. 일은 진도가 안 나가고 머릿속은 복잡하기만 했다. 일 효율이 제로다. 나도 사람인지라 장소에 맞게 마음이 빠르게 전환되지는 않았다. 집에서의 기분과 감정을 고스란히 회사로 가져갔다. 남편에게 전화가 왔다. 카톡도 보내왔다. 나뿐만 아니라 남편도 회사 일이 손에 안 잡혔나 보다. 통화 너머로 다정한 남편의 말투가 들렸다. 짜증으로 가득 찼던 마음은 조금씩 풀렸다. 내 표정과 말투는 다시 정상으로 돌아왔고 그제야 회사 일에 집중할 수 있게 되었다. 혹은 회사에서 스트레스가 많았던 날이면 그날 퇴근 후 집안에는 냉기가 흐르곤 했다. 나 자신이 공과 사를 구별하고 맺고 끊음이 정확하면 좋겠지만 기계 부품 갈아 끼우듯 감정과 기분을 뺐다 꼈다 교체하는 게 쉽지 않았다. 결국은 회사와 가정이 모두 평화로워야 행복할 수 있다. 다 같이 함께 행복해야 한다.

오늘도 엄마 CEO는 인생 돌파 중

베스트셀러가 된 '코코넛 오일'은 첫째를 임신했을 때 개발했다. 점점 불러오는 배에 열심히 코코넛 오일을 발라 주었다. 배가 점점 나오면서 잘못하면 피부가 트일 수 있기 때문이다. 코코넛 오일을 꾸준히 발랐더니 만삭이 되고 출산할 때까지 살 트임은 없었다. 시중에 임산부 전용 화장품이 있지만 내 제품을 사용했다. 효과는 내 피부로 보증했다. 배에 직접 바르는 사진을 찍었고 제품 홍보에 사용했다. 많은 임산부가 코코넛 오일을 찾았고 자연스레 매출도 늘었다. 내가 임신하지 않았다면 이 제품을 어떻게 홍보했을까 싶다. 가정과 회사는 모두 나의 전부이다. 내 삶에서 둘 사이를 구분 지을 수 없다. 회사와 가정을 둘 다 멋지게 끌고 가는 것이 가장 멋지고 행복한 일이다. 현실은 쉽지 않았지만, 양쪽을 모두 신경 쓰려 노력했다. 둘 다 최선을 다하니 회사 성장 속도가 느렸다. 회사에만 몰입했다면 성장 속도가 좀 더 빠를 수 있었다. 하지만 한쪽에만 치우치는 순간 균형은 깨지고 가정과 회사 사이에 격차가 생길 수 있다. '내가 발전하고 성장해야 수익도 생기고, 그래야 아이들이 원하는 거다 해 주고 풍족하게 살 수 있지. 희생할 건 해야 해.'라는 생각으로 왔다면, 지금까지 가족과 행복한 시간을 많이 못 만들었을지도 모른다. 지나간 시간은 다시 돌이킬 수 없다. 매 순간을 회사와 가정 모두에 충실하게 노력하고 있다.

최근 무의식적으로 반복하던 내 행동을 알아채고 놀란 일이 있었다.

가족과 여행을 가거나 외출할 때 어느 순간 나 혼자 앞장서서 가고 있었다. 뒤를 돌아보면 남편이 양손에 아이들 손을 잡고 여유롭게 걸어오고 있었다. 성격 급한 나는 혼자라도 빨리 걸어서 목적지로 가려고 했고 뒤 따라오는 남편과 아이들을 쳐다보며 빨리 왔으면 했다. 혼자서만 도착해 봤자 의미 없다는 걸 깨닫는 순간 걸음을 멈추고 가족이 걸어오는 모습을 사진 찍어주며 기다려 주었다. 또 다른 어느 날, 장소에 도착해서 차에서 내리자마자 나는 또 앞으로 직진했다. 뒤에서 둘째가 엄마 같이 가자고 울었다. 왔던 길을 다시 돌아가 둘째 손을 잡았다. 어디를 가든 뭘 하든 늘 가족과 함께여야 한다는 사실은 변함이 없다.

나 혼자 정상에 가면 뭐하나? 가족은 아직 저 뒤에 있는데 말이다. 혼자 정상 꼭대기에 올라가 봤자 좋은 것 없다. 정상에 올랐다는 성취감, 눈앞에 보이는 풍경을 가족과 함께하기 위해 다시 내려와야 한다. 식구들 손 붙잡고 다시 올라가야 한다. 혼자서는 정상의 달콤한 맛을 잘 느낄 수 없다. 함께 해야 비로소 의미가 있다. 일도 마찬가지다. 내가 더 많이 발전해야 한다는 생각에 가정은 멀리하고 나 혼자만 성장한다면, 분명 회사와 가정 사이에서 문제가 생길 수 있다. 나의 중요한 두 가지 축에서 격차가 생기는 순간 문제는 발생한다. 조금 느려도 함께 가고 싶다.

인생은 방향이 중요하지, 속도가 중요한 게 아니다. 아이와 남편 그리고 나, 우리 가족은 함께 같은 속도로 성장해 나간다. 거북이 가족이어도 좋다. 함께 행복하게 나갈 수만 있다면.

오늘도 엄마 CEO는 인생 돌파 중

3. 내 돈 내 상(賞)

어릴 때는 학교에서 상을 많이 받아 봤다. 상을 받으면 뿌듯함이 생기고 자존감도 높아졌다. 앞으로 더 열심히 해 나갈 힘이 생기기도 했다.

'어른이 되면 나는 누구에게 상을 받을 수 있을까? 어른은 상을 받을 필요가 없을까?'

어른도 사람이다. 지치고 좌절할 때도 있으며 힘들게 해낼 때도 있다. 내가 누군가로부터 받을 수 없다면 직접 나 자신에게 상을 주면 된다. 이 세상에서 내가 가장 소중한 존재니까.

사업 초기, 굉장히 힘들 때였다. 하루하루가 지치고 우울해서 미칠 지경이었다. 친구를 만나도 내 마음에 여유가 없으니 즐겁지 않았다. 괜찮은 듯 잘 지내는 듯 밝은 척하는 게 힘들었고 외로웠다. 그렇게 1년 정도 버티던 어느 날 내가 제일 좋아하는 가수 박정현이 콘서트를 한다는 기사를 보았다. 가고 싶었다. 콘서트장에 가서 멋진 노래를 들을 수 있다면 나를 억누르고 있는 스트레스를 좀 덜어낼 수 있을 것 같았다. 티켓 가격을 보니 무척 비쌌다. 10만 원 초중반 정도의 가격으로 기억한다. 당시 내게는 큰 금액이었다. 밥 한 끼를 먹어도 가격부터 쳐다보게 되는데, 이렇게 큰돈을 써도 되나 한참을 고민했다. 혼자라도 꼭 가고 싶었다. 누구한테 같이 보러 가자고 할 마음의 여유도 없었다. 티켓 한 장을 예매했다.

'힘들지만 잘 버텼다. 이 정도는 내가 누릴 수 있잖아? 마음껏 즐기고 오는 거야.'

주위 아무에게도 알리지 않고 홀로 콘서트에 갔다. 넓은 공간, 멋진 무대 장치, 가득 채워진 객석이 내 시선을 사로잡았다. 공연장에 앉아 있는 것만으로도 이미 기분 전환이 되었다. 온갖 걱정과 스트레스 가득한 일상에서 벗어나 다른 세상에 오니 좋았다. 게다가 내가 제일 좋아하는 가수의 노랫소리를 두 시간 가까이 들으니 귀가 즐거워지고 마음이 흥겨웠다. 주위를 둘러보니 모두 둘씩 짝지어 왔다. 혼자 고개 흔들고 손뼉 치며 호응하기에 살짝 의기소침하기도 했지만, 나 자신의 즐거움에 집중했다. 슬픈 가사를 들을 땐 그동안의 힘들었던 일이 떠올라 눈시울이 붉어지고 훌쩍였다. 또한 지금 내가 제일 좋아하는 걸 할 수 있음에 감사하는 마음이 들었다. 한편으로 다짐했다. 다음에는 내가 좋아하는 사람과 함께 와서 지금보다 더 편한 마음으로 콘서트를 즐기겠다고 말이다. 오랜만에 가져보는 힐링이었다. 내게 주는 무엇보다 값진 상이었다.

남이 아닌 내가 나에게 주는 상일지라도 받으면 좋다. 힘들어도 앞으로 나아갈 힘이 생긴다. 내 기분과 마음을 제대로 조절할 수 있는 건 나자신뿐이다. 때로는 내게 주는 상이 필요했다. 푹 꺾인 나를 들어 올려주는 힘에 대한 가치를 얼마로 환산할 수 있을까. 10만 원? 20만 원? 아니면 1만 원? 상이 주는 가치를 돈으로 계산할 수 없다. 내게 주는 상은 그자체로 소중하다. 돈의 금액이 중요한 게 아니다. 내가 좋아하는 것이나원하는 것을 상으로 주면 된다. 무조건 비싼 게 좋은 상은 아니다.

책을 출간한다는 건 대단한 일이다. 게다가 첫 번째 책이다. 책 쓰는과정은 험난했다. 초고를 쓰면서 머리 쥐어 짜내야 했다. 몇 달에 걸쳐사십 꼭지 한 권 분량을 겨우 채웠는데, 또 퇴고의 과정을 거치며 큰 수술을 해야만 했다. 내 버킷리스트를 이루기 위해 실행 중이었다.

"책이 출간되면 그 자체로도 내게 상이 되겠지만, 과정이 너무 힘들었잖아. 그러니 출간하고 나면 수고한 나에게 선물 좀 주면 안 될까?"

이미 마음속에 원하는 선물이 있었기에 조심스레 남편에게 물었다. 남편이 긴장했다.

"아니 무슨 선물이길래, 그렇게 뜸 들이면서 얘기하는 거야? 뭐, 샤넬이라도 사고 싶은 거야?"

"뭐? 샤넬? 자기 샤넬이 얼마인지나 알아? 몇백만 원으로도 못 사. 천만 원 이상이야!"

남편에게서 생각지도 못한 답을 들어서 황당했다.

"자기야, 아직 나를 모르는 거야? 천만 원이 넘는 '샤넬'을 떠올려도 나는 가슴이 안 뛰는데?"

아무리 비싸도 내 가슴이 안 뛰는 건 가치 있는 선물이 아니었다.

퇴근길에 유명한 빵집에 들렀다. 외부엔 넓은 정원이 있고 실내도 꽤 넓은 2층짜리 빵집이었다. 빵을 몇 개 사서 계산하고 나오려는데, 한쪽 벽면에 가득 채워진 꽃이 보였다. 조그만 꽃집이 있었다. 내가 좋아하는 안개꽃이 색색별로 있었다. 파랑, 보라, 하얀 안개꽃. 자꾸 시선이 가서 그냥 지나칠 수가 없었다. 한 묶음에 3,000원이라고 적혀 있었다. 가격 부담이 없어서 가까이 다가갔다.

"이거 어떻게 사면 될까요?"

주인이 색색별로 섞어서 보여줬다. 세 묶음 정도면 아담하니 딱 보기에 좋았다. 9,000원을 내고 꽃을 샀다. 한 손에는 빵 봉지를 들고 다른 한 손에는 계획에 없었던 꽃다발을 들었다. 그렇게 기분이 좋을 수가 없었다. 갑자기 콧노래가 나올 정도로 싱글벙글 이었다. 내 손으로 직접 꽃을 사본 건 처음이었다. 매번 받기만 했었다. 꽃은 남에게 아니 남자에게 받는 거라고만 생각했었다. 내가 나를 위해 꽃을 사보니 무척 좋았다.

'이게 9,000원이라고?'

1만 원도 안 되는 돈으로 이렇게 기분이 좋을 수 있다니! 꽃을 사는 순간부터, 꽃이 활짝 피어 있는 며칠 동안의 행복은 9,000원 그 이상이었다. 내가 느끼는 행복은 금액과 비례하지 않았다. 소소한 나를 위한 선물은 삶을 조금 더 즐겁고 행복하게 해 주었다.

요즘에도 가끔 스스로 상을 준다. 처음에는 굵직한 기념만 챙겼다면, 지금은 평범한 날에 상을 줄 때도 있다. 내가 갖고 싶었던 것들을 사거나 보고 싶은 공연을 본다. 그러면 평범한 날이 특별한 날로 바뀐다. 기분이 좋아지고 에너지가 생긴다. 더 열심히 할 수 있는 열정이 생긴다. 도전하고 또 달성한다. 다시 내게 선물을 준다. 계속되는 반복이다. 선순환이다. 내 삶의 패턴을 선순환으로 바꾸는 중이다. 시작이 어려우면 우선 상을 먼저 주는 것부터 해 봐도 괜찮을 것 같다.

'돈 한 푼이라도 아껴야지. 무슨 선물이야.'

소비를 줄이면 돈은 아낄 수 있다. 사람은 누구나 때로는 너무 지치고 힘든 순간이 온다. 누군가에게 의지하고 싶기도 하고, 다 내려놓고 싶을 때도 있다. 힘들게 악착같은 의지 하나로 매일 버텨나갈 수 있다면 굳이 선물 같은 게 필요 없을 수도 있겠다. 하지만 나는 평범한 사람이다. 한껏 기분 좋고 의욕과 열정이 넘치다가도 어떤 날은 모든 게 다 벅차고 힘들 때가 있다. 고비를 잘 넘기고 꾸준히 해 나가려면 나 자신을 끌어올려야 할 때가 있다. 때로는 확실한 사치가 필요하다. 금액의 사치를 말하는 게 아니다. 내 마음속을 가득 채워 주고 감정에 풍요로움을 주는 선물이어야 한다. 나 자신을 먼저 잘 알아야 한다. 내가 어떤 것에 가슴이 뛰고 활짝 피어날 수 있는지 말이다. 향긋한 향초일 수도 있고, 훌륭한 책일 수도 있다.

자신에게 상을 준 경험이 없다면 처음에는 어려울 수 있다. 일상에서 모든 것에 감각을 깨워서 내가 좋아하는 걸 찾아보는 것도 좋은 방법이 면서 즐거운 일이다. 내가 원하는 걸 찾아 나가는 과정 자체가 값진 일이 다. 그리고 진정 나를 위해 뭔가를 사거나 해 본다. 누가 대신해 줄 수 없 다. 오직 나만이 할 수 있는 일이다. 해 본 사람만 그 가치를 안다. 내가 나에게 상을 주고, 행복을 누리며 인생도 더 멋지게 바뀔 수 있다면 너무 좋지 않은가.

오늘도 엄마 CEO는 인생 돌파 중

4. 아주 작은 차이의 도미노 효과

출산 후 석 달도 지나지 않은 어느 날, 복통이 너무 심해서 처음으로 구급차에 실려 갔었다.

"어느 병원으로 가실래요?"

구급대원이 물었다. 여러 선택지 중에서 집과 가장 가까운 의료원으로 가기로 했다. 얼른 이 고통을 멈추고 싶었다. 응급실에 도착하자마자 진통제를 맞은 후에야 통증이 조금씩 가라앉았다. 엑스레이와 피검사, 소변 검사 등을 받았다. 담당 의사에게 말했다.

"제가 출산하고 얼마 안 되었는데요. 출산 후 처음으로 점심에 라면을 먹었거든요. 그래서 위가 놀란 게 아닌가 싶어요."

의사는 청진기도 대보고 배도 눌러보더니 검사 결과를 보고 처방을 하겠다고 했다. 수액을 다 맞을 때쯤, 담당 의사는 위경련이라고 말하며 약을 처방해 주고 집으로 돌아가도 좋다고 했다.

이틀 후 배가 같은 증상으로 다시 아팠다. 출근 후 회사 근처 내과에 갔다. 의사 선생님이 배를 눌러보더니 계속 고개를 갸우뚱했다.

"며칠 전 의료원에서 피검사 했다고 했죠? 이상하다. 지금 아픈 부위가 담낭 쪽이거든요? 피검사를 했으면 결과에 염증 수치가 나왔을 텐데…. 초음파 검사를 해야 정확히 알 것 같은데 여기서 하셔도 되고요. 아니면 다시 그 병원 가서 해 보실래요?"

진료를 받은 김에 바로 초음파 검사를 하겠다고 했다.

"역시 여기 담석이 많네요. 크기가 아주 작은데 거의 스무 개나 되겠는데요? 이게 담낭즙이 빠져나가는 곳을 막아서 그렇게 아픈 거예요. 우선 금식을 하세요. 그 이후에도 자주 아프면 담낭을 떼어내야 해요."

생각도 못 한 결과에 깜짝 놀랐다. 조그만 병원에서는 간단한 진료만으로도 병명을 바로 잡아내는데, 큰 의료원에서는 여러 검사 다 하고도 위경련이라니! 내가 하는 설명만 듣고 검사 결과도 제대로 안 봤던 모양이다. 출산 후 처음 라면 먹었다는 소리에 의료원의 담당 의사는 대충 상황만 유추한 것 같았다. 기본적이고 충실한 진료가 없었던 게 오진의 원인이었다.

몇 년이 지난 지금도 그 의료원을 인터넷에 검색해 보면, 신뢰하지 않는다는 후기가 많다. 반면에 내 병명을 제대로 알려준 작은 내과 병원의 의사는 나에게 최고의 의사 선생님이다. 지금도 이 병원에 다니고 있다. 기본자세가 가져다주는 파급력은 생각보다 컸다.

화장품 개발 단계에서 용기와 단상자에 들어가는 문안을 꼼꼼하게 확인해야 한다. 화장품법에 맞게 표기해야 하며 그렇지 않을 경우 문제가 될 수 있다. OEM 공장이 제공하는 기본 설명을 토대로 전체적인 문안을 만들었고 검수도 했다. 몇십 개가 되는 깨알 같은 '전성분'부터 '사용 시의 주의사항'까지 글자 하나하나 펜으로 짚어가면서 확인했다. 초반에는 모든 게 낯설어서 두 번, 세 번 반복해서 꼼꼼하게 검수했다. 화장품법에 안 맞는 게 있는지 책자를 들춰보며 찾아보기 일쑤였다. 이제는 대부분 내게 익숙한 용어다. 검수 시간이 줄었고, 여러 번 반복하지 않아도 금방 확인이 가능했다. 그러다가 일이 터졌다. 완제품으로 양산된 후 오타를 발견했다. 분리배출 표기가 잘못되었는데, 이는 화장품법이 아닌 환경법에 해당하는 내용이었다. 단상자 몇천 개를 다시 생산하기에는 부담이 너무 컸다. 해당하는 부분만 스티커 작업을 해서 붙이기로 했다. 비용은 더 들었고 제품은 볼품없었다. 꼼꼼히 체크만 했어도 일어나지 않았을 일이었다. 매번 하던 일이라 대충 보다가 놓친 것이다. 지름길로 가려다 덫에 걸렸다. 아무리 익숙해진 일이라도 과정을 뛰어넘지 않고 순서대로 해 나가야 했다. 자칫 방심하여 정확한 진단을 내린 의사가 아닌, 오진해서 문제를 키운 의사가 되어 버렸다. 원숭이도 언제든 나무에서 떨어질 수 있는 법이다. 늘 기본의 자세를 취하는 게 가장 중요하다.

일본 거래처 회사와 미팅을 했다. 미팅 후에 저녁 식사를 하기 위해 호

텔 레스토랑으로 이동했다. 조용한 룸 안에서 한쪽에는 나와 이사님이, 반대편에는 일본 대표님과 직원이 서로 마주 앉아 식사가 나오기를 기다렸다. 테이블 위에 있는 물수건으로 손을 닦고 한쪽에 두었다. 그리고 앞을 본 순간 놀랐다. 일본 거래처 분들은 모두 손을 닦은 물수건을 바르게 접어 한쪽에 가지런히 놓아두었다. 내 앞을 보니 물수건이 홀로 헝클어져 있었다. 나는 슬며시 다시 두 손으로 물티슈를 고이 접어 한쪽에 두었다. 접어두니 보기에도 좋았다. 다 쓴 물수건을 접어놓는 건 일본인들의 몸에 밴 습관 같았다. 그동안 살면서 사용한 물수건을 바르게 접어놓는 걸 본 적이 없어서, 그때 일이 뇌리에 박혔다. 그 이후로 식당에 가면 물수건을 사용 후 한쪽에 접어놓곤 했다. 더 깔끔해 보이고 보기에 좋아서, 음식을 기다리는 동안 식사 전 기본자세를 갖추는 느낌이 들었다. 이런 사소한 행위가 마음가짐을 다르게 만들 수 있겠다고 생각했다. 좋은 점은 누구에게든 배우는 게 좋다.

특별한 상황을 제외하고는 직장인처럼 늘 같은 시간에 출퇴근했다. 내가 사장이라고 출퇴근 시간이 들쑥날쑥하지 않았다. 가장 기본적인 태도와 마음가짐이다. 결혼식 하루 전날까지 출근했고 아이 둘을 임신했을 때도 출산 전날까지 일했다. 그리고 두 번의 출산 후 모두 딱 한 달씩만 산후조리 후 바로 복귀했다. 어쩌면 불안해서 서둘러 회사에 나갔는지도 모른다. 내가 누군가의 통제 속에 있지 않을 때, 게을러지고 흐트러질까

오늘도 엄마 CEO는 인생 돌파 중

봐 긴장을 늦추지 않았다. 실제로 주위에 회사를 자유롭게 출퇴근하는 대표가 있었다. 능력도 뛰어나고 사업 수완이 좋았다. 매출도 좋았고 계속 성장했다. 하지만 어느 순간 회사에 큰 고비가 오고 문을 닫았다. 매출이 아무리 좋아도 계속 유지할 수 없으면 끝나고 만다. 회사란 계속 굴려 나가는 게 가장 중요하다. 결국 능력보다는 기본자세가 더 중요하다는 말이다. 내 마음가짐이 흐트러지는 순간 회사도 휘청거릴 수 있다. 그래서 나는 매일 같은 시간에 출근하려고 노력한다. 내 자세가 틀어지면 회사도 좋은 방향으로 나아갈 수 없다.

작은 디테일이 중요하다는 건 두 번 강조해도 지나치지 않는다. 1cm의 도미노로 롯데월드타워를 무너뜨릴 수 있다는 성공 시뮬레이션이 나왔다고 한다. 도미노는 넘어지는 순간 다음 1.5배의 도미노를 연쇄적으로 무너뜨릴 수 있다. 1.5 배율로 점점 늘어나면 거대한 빌딩까지 넘어뜨릴 수 있다. 처음에는 작은 흠집일 뿐이지만 연쇄적으로 문제를 일으킨다면 해결할 수 없을 만큼 일이 심각해질 수 있다. 단 1cm라도 나쁜 영향을 주는 도미노를 만들지 않도록 힘써야 한다. 결국 중요한 건 기본적인 자세이다. 회사가 성장할 수 있는 첫 번째 밑거름은 기본이 제대로 되어야 한다는 것이다. 나는 오늘도 평소와 다름없이 회사에 출근한다.

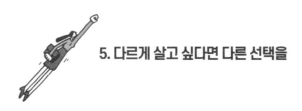

5. 다르게 살고 싶다면 다른 선택을

최근 나는 스스로 놀랄 정도로 많은 일을 시작했고, 또 해내고 있다. 새로운 일이나 환경에 마주했을 때 기꺼이 도전해 보겠다는 결심을 하면서부터 삶의 흐름은 바뀌었다. 그저 환경에 휘둘리기보다는 내가 주체가 되어 원하는 선택을 하려고 했다. 생각지 못한 곳에서 길이 열렸고 다른 길과 다시 연결되었다. 내게 도움이 되는 사람이 나타났고 좋은 방향으로 삶이 펼쳐졌다.

익숙한 게 가장 편하게 느껴진다. 때로는 조금의 변화에도 예민해지고 겁부터 나기도 한다. 하지만 살다 보면 외부 환경에 의해서 혹은 나 자신 때문에 변화가 필요한 상황이 찾아온다.

처음 일을 시작할 때 심사숙고해서 아담한 사무실을 골랐다. 발품 팔아 구한 사무실은 깨끗하고 저렴해서 마음에 들었다. 그렇게 7~8년을 줄곧 한 사무실에서 보냈다. 내 집처럼 편했다. 그러던 어느 날 사무실 임대인

오늘도 엄마 CEO는 인생 돌파 중

이 옆에 10평 정도 남는 공간을 벽을 터서 같이 쓰면 어떻겠냐고 제안했다. 대신 월세는 올리겠다면서 말이다. 제안보다는 통보에 가까웠다. 옆 공간까지 더 쓰고 월세를 올려주던지, 아니면 나가라는 뜻이었다. 굳이 더 넓은 공간이 필요하지 않았고 월세를 올리는 것도 탐탁지 않았다.

'다른 곳을 알아봐야 하나?'

생각만으로도 복잡했다. 새 사무실을 알아보고 화장품 재고를 다 옮겨야 한다고 생각하니 머리가 아팠다. 사업자등록증 등 회사의 정보가 들어가는 모든 곳에 주소를 수정해야 했고, 화장품에 표기 사항도 모두 바꿔야 했다.

'그냥 돈 더 주고 있을까? 아니야, 그러기엔 더 지불해야 하는 돈이 너무 아까운데.'

고민하느라 시간만 흘려보낼 수는 없었다. 어서 결정을 내려야 했다. 부동산을 통해 근처 빈 사무실을 알아봤다. 마침 바로 옆 높은 빌딩에 적당한 사무실이 있었다. 이 동네에서 가장 최근에 지어진 건물이었다. 대부분 공실이라서, 세입자를 빨리 구하기 위해 월세가 저렴하게 나왔다고 했다. 기존 사무실보다는 약간 비쌌지만, 시설과 환경 면에서는 훨씬 좋은 조건이었다. 게다가 6층이다. 다른 건물에 가리지 않아서 햇빛이 충분히 사무실 안까지 들어왔다. 탁 트인 넓은 유리창으로 하늘이 보였다. 사무실을 보자마자 밝다고 생각했다. 3층이었던 기존 사무실보다 훨씬 넓고 밝았다. 내 마음에 쏙 들었다.

"바로 여기다!"

새 사무실이 마냥 좋았다. 비교 대상이 생기고 나서야 이전 사무실이 밝지 않고 칙칙한 느낌이었다는 걸 알게 되었다. 세로로 긴 형태라서 구조도 애매했고, 시간이 지날수록 바닥과 벽에 때가 많이 탔다. 무엇보다 어두웠다. 두 사무실을 비교해 보면서 기존 사무실의 단점들을 알 수 있었다. 편안하고 익숙함에 그런 것들이 내 눈에 안 띄었었나 보다. 새 사무실로 옮기니 쾌적한 느낌이 들었다. 좋은 환경에 있으니 기분이 좋아지고 일에 집중을 더 잘할 수 있었다. 출근하자마자 햇볕이 내리쬐는 밝은 사무실을 마주했다. 출근하는 순간부터 기분이 좋았다. 거래처 손님들과 상담할 때도 밝은 공간을 제공할 수 있어 만족했다. 그래서 그런지 모르겠지만, 전보다 일도 수월하게 잘 풀렸고 회사도 조금씩 발전해 나갔다. 예전에 어떤 회사 대표님이 자금적으로 약간의 무리를 해서 좋은 위치로 이사했더니 오히려 일이 더 잘 풀렸다고 말한 적이 있었다. 그 말이 어떤 뜻이었는지 그제야 이해가 되었다.

앞에서 언급했듯이 '소리튠 영어'를 하면서 내 영어 인생에 변화가 생겼다. 소리튠에서는 영어 소리를 완성하기 위해 피드백이 매우 중요한 요소이다. 아무리 동영상의 설명을 보며 따라 말한다고 해도, 자신이 정확한 소리를 내는 건지 스스로 판단하기가 힘들다. 그래서 영어 소리 코치가 회원의 소리를 듣고 정확하게 교정할 수 있게 피드백을 준다. 피드백을 통해서 내 소리가 어떤 부분이 잘못되었는지, 어떻게 훈련해야 하는지를 배울 수 있었다. 가입 후 꾸준히 훈련했고 소리튠에서 인정하는 수준이 되어 '에이스(Ace)'가 되었다. 에이스가 되면 선배로서 후배 회원에게 배웠던 걸 나눠주는 의미로 간단한 피드백을 줄 수 있다. 나도 에이스가 된 후 후배 회원에게 피드백을 줬다. 피드백을 받은 회원들은 다시 훈련하면서 소리가 잘 교정이 되었고 내게 고마워했다. 그때마다 내가 느끼는 성취감은 대단했다.

'내가 누군가에게 도움을 줄 수 있네?'

피드백을 주는 일이 즐거웠고 더 제대로 잘하고 싶은 마음이 들었다. 마침 지도자 과정 수업이 열렸다. 수업을 듣고 시험에 합격하면 코치가 될 수 있었다.

"나도 코치 일을 하면 어떨까? 지금 본업이 있는데 다른 일을 또 할 수 있을까?"

현실적으로 힘들었지만 안 하면 후회할 것 같았다. 고민 끝에 지도자 과정을 신청했다. 10주간 심화 과정 수업을 들었고 코칭 실습을 했다. 퇴근하고 집에서 아이들 먹이고 재우고 나면 밤 10시가 다 되었다. 코칭 연습할 시간이 하루에 약 2시간 밖에 없었다. 함께 수업을 듣는 동기들보다 투자하는 시간이 극히 적어서 나만 뒤처지는 것 같아 걱정되었다. 할 수 있는 선에서 최선을 다했다. 다행히 시험에 합격했고 제2의 직업이 생겼다. 영어 공부하러 들어왔다가 직업을 얻게 된 셈이었다.

"여기에 내가 할 수 있는 일이 또 있었네. 지도자 과정 신청 안 했으면 어쩔 뻔했어!"

요즘 같은 N잡러 시대에 나도 발맞춰 나가는 것 같아 자신감이 생겼고 움츠러들었던 열정이 다시 생겼다. 본업이 있어서 영어 소리 코칭은 틈새 시간을 이용했다. 아이들이 잠자는 이른 아침과 늦은 밤에 코칭 했다. 잠자는 시간은 전보다 줄었고 몸은 피곤했다. 하지만 코칭을 통해 나는 또 다른 에너지를 받았다. 소리가 점점 멋지게 바뀌는 회원 소리를 들으며 성취감이 생겼다. 늘 내게 감사를 전하는 회원들로 인해 뿌듯하고 행복하다. 그래서 멈추지 않고 코치 일을 지금까지 계속하고 있다. 다가온 기회를 지나치지 않았다. 새로운 선택을 통해 두 번째 직업이 생겼고 내가 좋아하고 잘할 수 있는 일을 하고 있다.

글을 쓰고 있다. 삶의 종착지 저 멀리 두었던 책 출간 버킷리스트를 몇십 년 앞으로 당겨왔다. 책을 쓰기 위해서는 우선 글부터 써 봐야 했다. 전문가들은 공통으로 말했다. 글을 잘 쓰고 싶으면 매일 써야 한다고 강조했다. 마음 급한 사람이 글 잘 쓰는 방법을 찾아다니지만 사실 지름길은 없었다. 매일 써야 필력이 늘었다. 블로그에 글을 올리기 시작했다. 편하게 쓰는 글은 어렵게 느껴지지는 않았다. 2년 전 100일 넘게 세 페이지씩 모닝 글쓰기를 한 덕분이었다. 내 인생과 꿈을 위해 나 자신을 돌아보고자 시작한 모닝 글쓰기가 지금의 글쓰기와 책 쓰기에 와서 닿을 줄은 전혀 몰랐다. 매일 글을 쓰니 내 인생이 한 단계 업그레이드된 느낌이다. 나를 자꾸 돌아보고 평범한 삶 안에서도 소중한 의미와 가치를 발견한다. 글을 잘 쓰고 싶어서 책을 읽기 시작했다. 독서를 통해 생각의 폭이 넓어지고 조금 더 나은 내가 되고자 노력하고 있다. 글 쓰고 배우며 내 삶을 업그레이드하는 중이다.

대학 졸업 후, 공부가 싫어서 대학원을 포기하고 일을 시작했다. 돈을 많이 벌어 풍족한 삶을 살고 싶다는 생각이 가득했다. 20년이 지나 결국 나는 다시 공부하는 삶을 살고 있다. 공부와 성장은 뗄 수 없다. 더 나은 인생을 위해서 배움은 필수적이다. 공부가 바탕이 되어야 일도 발전할 수 있고 내 삶도 달라질 수 있다. 더 멋진 내 인생을 만들어 가기 위해 나는 다시 배운다. 내가 원하는 길을 선택하며 더 멋진 삶을 완성해 나갈 것이다.

6. 꿈은 마침표가 아닌 진행형이다

꿈도 제대로 꿀 줄 알아야 한다. 나는 꿈꾸는 방법을 잘 몰라서 엉뚱한 꿈을 꾸곤 했다.

"생생하게 꿈꾸면 이루어진다.", "우주로부터 내가 원하는 것을 끌어당긴다."

한때 사람들의 마음을 사로잡았던 구절이다.

'진짜? 머릿속에 그리고 주문을 걸면 이루어지는 거야? 나도 한번 해볼까?'

나는 당시 아침마다 만원 버스를 타고 출근했다. 서서 가는 게 그렇게도 싫었다. 아가씨였던 그때는 사람 사이에 껴서 이리저리 치일 때마다 신경이 곤두섰다. 매일 아침 출근 준비를 하면서 상상했다.

'65번 초록색 버스를 탄다. 빈 좌석이 남아 있다. 자리에 편안히 앉아서 간다.'

어떤 날은 마침 자리가 남아서 앉아서 갈 수 있었다. 역시 상상하면 이루어진다고 생각해 신났다. 어떤 날은 자리가 없다.

'에이 뭐야. 생생하게 꿈꾸면 된다며.'

꿈을 꾸든 안 꾸든 버스에서 앉아가고 서서 가는 것과는 전혀 상관이 없었다. 참으로 부끄러운 얘기다. 꿈을 꾸라고 했더니 고작 버스에 앉아가는 상상을 한다니 말이다. 내가 정말 원하는 걸 알지 못하고 노력하는 행동이 없는 상태라면 엉뚱한 꿈만 꿀 뿐이었다. 같은 자기 계발서를 읽어도 누구는 제대로 배우고 활용할 것이고, 누구는 그저 말장난처럼 느낄 수 있다. 내가 원하는 것을 제대로 알고 꿈을 정확히 꾸는 것부터가 중요했다.

일과 끝내고 잠자기 전 매일 묵주기도를 했다. 묵주기도 5단을 바치면 25분 정도 걸린다. 천주교에서는 이를 '9일 기도'라고 부르는데 청원기도를 27일, 감사기도를 27일, 총 54일 동안 기도를 드린다. 나는 '9일 기도'를 두 번 반복해서 100일 넘게 했다. 내 미래가 불투명하게 보였고 심적으로 불안정했기에 기도로 마음을 다스렸다. 불안한 회사가 어서 안정되기를 바라는 청원과 좋은 사람을 만나서 가정을 이루고 싶은 청원 두 가지를 빌었다. 매일 25분 정도 기도할 때 한편으로는 나와 대화하는 시간이 되기도 했다. 내가 정말 원하는 게 뭘까 물어보기도 했고, 어떤 날은 나를 반성하며 울기도 했다. 기도하는 순간에는 정말 간절했다. 그리고 내가 원하던 것들이 몇 년에 걸쳐 서서히 이루어졌다. 108일 기도의 힘이라고 생각한다. 꼭 종교적으로 다가가기보다는 신앙이 없는 사람도 기도의 시간을 가져보라고 말하고 싶다. 100일 넘게 하루도 빠짐없이 20분 이상을 오직 나에게 집중하며 고민하고 사색하는 건 쉽지 않은 일이다. 하지만 분명 가치 있는 시간이라고 생각한다. 꿈을 꾸고 간절히 원하는 건 어쩌다가 생각날 때만 떠올리는 게 아니었다. 100일 이상 꾸준히 해 나갈 수 있을 정도의 노력과 절실함이 필요했다. 먼저 나를 제대로 들여 다볼 줄 알아야 한다. 남들이 원하는 것이나 겉으로 보기 좋아 보이는 모습이 내 꿈이 될 수는 없다. 진정 내가 필요하고 좋아하는 걸 알아야 한 다. 가만히 앉아서 기도만 하면 이루어진다고 말하고 싶은 게 아니다. 치열하게 나와 대화하다 보면 갈 길이 보였다. 내가 노력해야 할 부분이 보였고 행동할 힘이 생겼다. 그렇게 내 삶은 조금씩 내가 원하는 대로 흘러 갔다.

아이들을 키우며 행복했고 회사가 안정되어 큰 걱정 없이 몇 년을 살 았다. 그러다 모닝 글쓰기를 하면서 현재 내가 현실에 만족하고 있지만 새로운 꿈은 없다는 걸 알게 되었다. 그리고 다시 꿈을 꾸기 시작했다. 당장 현실적으로 가능하지 않아도 하고 싶은 목록을 매일 적었다. 그중 하나가 '자유로운 영어 구사'였다. 또 다른 꿈은 당연히 안 될 거로 생각 해서 미처 꿈 목록에 적지는 못했지만, 글쓰기 노트 한쪽에 중얼거리면 서 휘갈겨 적어봤다.

"중국어 교사가 꿈이었는데 내 나이 곧 마흔, 이제 와서 언제 교육대학원 가고 임용을 보나. 이번 생에 교사는 못 하겠네."

어느 날 유튜브 알고리즘이 나를 '소리튠 영어'로 연결해 주었다. 회원으로 훈련하다가 지도자 과정까지 밟았다. 코치가 되어 20대부터 60대까지 다양한 연령의 회원과 우리나라뿐 아니라 해외에 계시는 분들에게도 영어 소리를 코칭한다. 회원들의 소리가 멋지게 바뀌면 내가 회원으로부터 동기 부여를 받기도 한다. 내 자존감이 올라가고 성취감을 매일 느낄 수 있다. 내가 이번 생에 못 이루겠다고 생각한 '교사' 대신 '코치'가 되었다. 다른 방법으로 내 꿈을 이뤘다. 영어와 코치, 두 마리 토끼를 다 잡은 셈이다. 더욱 실력 있고 우수한 코치가 되려고 노력한다. 영어 스피킹 연습도 계속하고 있다. 나는 여전히 해외에서 거리낌 없이 영어로 대화할 수 있는 그 날을 꿈꾸며 노력하는 중이다.

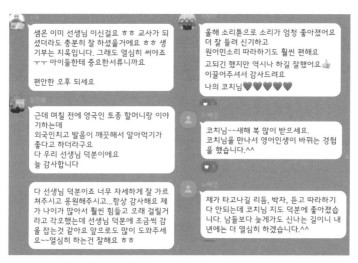

내 코칭을 받은 회원들이 보내준 카톡

100일 이상 했던 모닝 글쓰기는 나만 볼 수 있는 글이었다. 다른 이에게 보여줄 필요가 없었다. 편하게 글을 쓰니 문장 흐름과 구성, 맥락 등이 엉망이었다. 그저 생각나는 대로 적었고 그때그때 감정에 따라 주제가 바뀌기도 했다. 어쩌면 좋은 글을 써야 한다는 부담은 없어서 꾸준히 글을 써나갈 수 있었던 것 같다. 운전과 수영은 한번 제대로 배워 놓으면 몇 년 동안 쉬어도 몸이 기억하고 있어서 금방 예전처럼 잘할 수 있다고 한다. 글쓰기도 그랬다. 2~3년간 손 놓았던 글을 다시 쓰는데 너무 어렵게 느껴지지는 않았다. 내 마음을 거리낌 없이 글로 꺼내 쓰는 건 잘할 수 있었다. 멈췄던 블로그도 다시 시작했다. '브런치 스토리' 작가에 도전했고 합격했다. 글쓰기 수업 들으며 책도 쓰기 시작했다. 버킷리스트였던 '작가'의 꿈을 지금 이루는 중이다.

'이미 몇 년 전 모닝 글쓰기를 시작하면서 내 작가로의 여정이 시작되었던 것일까?'

내가 원하고 노력하면 인생 부분의 점들이 하나의 선으로 연결되며 꿈이 이루어지는 것 같다. 미래는 내가 현재 시점에서 정확하게 계획하거나 상상할 수 없는 영역이다. 그러나 그저 내가 하고자 하면 길은 열린다는 것만은 확실하다. 내년쯤 책이 출간될 예정이다. 그것으로 내 꿈이 전부 실현된 거라고만 생각하지 않는다. 예비 작가에서 초보 작가로 시작한 점이 또 다른 꿈의 점으로 연결될 수 있을 거다. 꿈은 마침표가 아니라 진행형이다.

『억만장자 시크릿』에서 미국의 우주 사업가 나비 자인은 이렇게 말했다.

"하늘 같은 건 사실 없다. 지구 너머로 볼 수 없는 사람들이 상상해 낸 것일 뿐이다. 달이나 화성으로 갈 때도 절대로 하늘을 지나가지 않는다. 우리가 자신의 하늘, 즉 한계를 스스로 만든다고 생각한다."

이처럼 한계는 모두 내가 만드는 거다. 원래 한계 자체란 없다. 내가 어디까지 얼마나 할 수 있을지는 모르는 일이다. 불가능이란 없다. 아직 가 보지 않은 세상일 뿐이다. 앞으로 내 인생에 채워 나갈 백지 공간은 많다. 어떤 색과 어떤 모양으로 백지를 채울까? 나는 오늘도 꿈을 꾼다.

7. 내 인생은 내가 감독합니다

나는 오래도록 걱정 병에 걸려 있었다. 새로운 도전 앞에 서면 안 될 거라는 생각부터 했다. 해 보지도 않고 실패할까 봐 걱정만 했다. 대학 입학 후 너무 놀아서 1학년 1학기 학점이 엉망이었다. 1학년 학부 점수로 전공을 선택할 수 있어서, 2학기 학점은 무조건 좋아야만 했다. 하필 내가 가고 싶은 중국어중국학과는 학부에서 커트 라인이 가장 높았다. 2학기 점수를 뛰어나게 잘 받아야만 했다. 1학기가 끝나고 여름 방학부터 2학기 내내 걱정 병에 걸렸다.

'중국어중국학과에 못 가면 어떡하지? 이거 아니면 다른 전공은 관심 없는데. 어쩌지.'

매일 걱정만 하는 나를 보고 친구도 질려서 고개를 절레절레 저었다.

"너는 왜 저 멀리 있는 걱정을 지금 벌써 하는 거야?"

이미 답은 나와 있었다. 좋은 성적을 받기 위해 2학기 때 열심히 노력하면 되었다. 걱정한다고 상황이 바뀌는 건 아니었다. 하지만 당시 나는 잘 해낼 수 있을 거라는 생각보다는 안 될 생각에 안절부절못했다. 2학기 내내 걱정과 함께 공부도 나름 열심히 했고 다행히 학점을 잘 받아서 원하던 학과에 들어갔다. 하지만 아쉬움이 남는다. 조금 더 즐기면서 공부했다면 즐거운 시간으로 채웠을 텐데 말이다. 한 학기를 걱정으로 가득 채워 보내서 아쉬웠다. 벌어지지도 않은 일로 걱정 더미에서 헤어 나오지 못한 시간은 되돌릴 수 없었다.

내가 판매하는 화장품은 주로 온라인에서만 팔기 때문에, 제품을 설명하는 페이지가 무엇보다 중요하다. 고객의 관심을 끄는 이미지와 문구가 필수적이다. 자극적인 문구가 제품 홍보에 효과적이지만 자칫 과장 광고가 되기 쉽다. 제품 홍보페이지의 문구는 자체적으로 검열했다. '화장품'의 기능을 벗어나는 의학적 효과는 모두 배제 시켰지만, 나머지 애매한 문구들이 신경 쓰였다. 어떤 표현은 법 위반 기준으로 보면 귀에 걸면 귀걸이, 코에 걸면 코걸이었다. 수학 공식처럼 완벽한 정답과 오답이 없는 경우다. 매달 화장품 신문은 법을 위반해 판매 혹은 광고 업무 정지 처분을 받은 회사 목록을 게시했다. 모니터링에 걸린 회사들이 수두룩했다. 큰 회사는 몇 개월 판매 정지 처분을 받아도 버틸 수 있겠지만, 나는 큰일 난다. 그래서 더욱 민감할 수밖에 없었다.

'만약 식약처에서 갑자기 실사가 나오면 어떡하지? 무슨 문제라도 생기면 어떡해.'

걱정이 꼬리에 꼬리를 물었다. 그러다 보니 제품 홍보를 적극적으로 못 했고 판매 동력이 떨어졌다. 걱정부터 앞선 결과였다. 수많은 경쟁상품을 뚫고 내 제품 하나를 띄우는 건 정말 힘들다. 뚝심 있게, 때로는 배짱 있게 치열한 홍보를 해야 했다. 홍보 문구를 지우고 순화시키다 보니 내 제품만의 특색이 사라져 버리기도 했다. 제품에 집중해야 하는데 외부 눈치만 본 탓이었다. 지레 겁먹어서 이도 저도 아닌 제품 페이지가 만들어져 버렸다.

'어떤 일이든 내가 목표하고 계획한 대로 밀어붙이면 어땠을까? 일어나지도 않은 일 때문에 걱정하느라 시작도 못 하기보다는, 뭔가 하나라도 제대로 했다면 어땠을까?'

걱정을 더 많이 한다고 결과가 좋게 바뀌지 않는다. 내가 하는 걱정거리의 40%는 절대 일어나지 않을 사건들에 대한 것이고, 30%는 이미 일어난 사건들, 22%는 사소한 사건들, 4%는 우리가 바꿀 수 없는 사건들에 대한 것이라고 한다. 나머지 4%만이 내가 대처할 수 있는 진짜 사건이다. 즉 96%의 쓸데없는 걱정을 매일 한 셈이다.

'차라리 후회 없을 정도로 노력하고 더 적극적으로 홍보했다면 매출도 오르고 일하는 나도 더 신나지 않았을까?'

목표와 계획을 세우고 원하는 길을 따라 쭉 가면 된다. 내가 중심이 되면 외부의 어떤 영향에도 덜 흔들릴 수 있다. 내 삶이기에 내가 주도권을 가지고 장애를 뛰어넘으며 어떤 결과든 책임진다는 마음이면 된다.

오늘도 엄마 CEO는 인생 돌파 중

아이가 태어난 후 엄마가 된 나의 하루는 24시간 내내 아이를 위해 돌아갔다. 밥 먹는 시간도 잠자는 시간도 내 마음대로 할 수 없었다. 아이가 커도 상황이 크게 나아지지는 않았다. 육아에서 교육으로 관심이 옮겨 가고 시간도 많이 쏟아야 했다. '엄마표 영어'와 '엄마표 수학'에 열중했다. 일하는 시간 외에 대부분을 엄마표 학습에 집중했다. 아이에게 좋은 자료를 찾아주고 알려 주며 함께하는 시간이 좋았다. 아이들도 잘 따라와 줘서 뿌듯했다. 스스로 노력하는 엄마라는 생각에 당당했다. 그러던 어느 날 내 꿈을 글로 적어 보려 했을 때 쉽게 떠오르지 않아서 깜짝 놀랐다. 분명 현재 아이들과 함께하는 삶은 즐거웠으나, 아이를 떼어낸 나만을 위한 꿈은 없었다. 몇 년 후, 나는 어떤 모습일지 생각해 봤다. 아이는 커서 더 이상 엄마 품 안에만 있지는 않을 거다.

'오로지 아이만을 생각하며 살다가 갑자기 나를 위한 삶을 살 수 있을까? 아이들에게 아직은 내 손길이 필요하니, 2년 후나 3년 후부터 시작할까?'

인생에 완벽한 때는 없다. 몇 년 후에는 가능할 것 같은 완벽한 시간은 오지 않는다. 당장 시작하는 게 중요했다.

지금부터라도 내가 원하는 걸 찾기로 했다. 시간을 쪼갰다. 나만의 시간을 만들었다. 조금 더 일찍 일어나 운동을 하거나 글을 썼다. 혹은 영어 공부를 하거나, 베이킹을 했다. 계획을 짜고 하나씩 실행해 보니 내가 할 수 있는 일은 정말 많았다. 대부분은 회사에서 시간을 보냈고, 집에서는 아이들과 보냈다. 큰 틀은 바뀌지 않았다. 다만 이른 아침과 늦은 밤, 하루에 2~3시간을 온전히 나를 위한 시간으로 활용했다. 그 시간에는 그냥 내가 하고 싶은 걸 했다. 24시간 중 2~3시간이면 하루 중 약 10~15%일 뿐이다. 그러나 이 짧은 시간에 얻는 게 가장 컸다. 순전히 외부의 그 어떤 영향도 없이 내가 하나부터 열까지 모두 계획하고 실천해 나가는 시간이었다. 이 시간을 통해 과거에서부터 이어진 본래 나의 모습 즉 '본캐' 외에 '부캐'도 될 수 있었다. 회사 대표이면서 때로는 쿠키와 빵 굽는 엄마가 되었다. 회원들에게 영어 소리를 코칭 하다가, 작가로서 글도 썼다. 다른 삶을 살고 다양한 재미를 느낀다. 또 다른 내가 있는 느낌이다. 기존 삶 외에 새로운 인생이 열렸다. 의지와 열정이 생겼고 혼자서 동력을 만들어나갔다. 다양한 목표를 세웠고, 단기간에 이룰 수 있었다. 성취감이 계속 쌓이니 나에 대한 자신감이 생겼다. 끊임없이 내가 원하는 걸 해 나가는 힘이 생겼다. 내가 인생에서 무엇을 얼마나 더 할 수 있는지 궁금해졌다. 이제는 시간과 운에 나를 맡기지 않기로 했다. 생기지도 않은 걱정을 미리 하지 않기로 했다. 남은 내 인생은 내가 직접 계획하고 원하는 대로 만들어 나가고 싶다. 노력하고 도전하는 과정에서 즐거움을 느끼고 계속 성장하고 발전하는 삶을 살고 싶다. 내가 하는 일에 의미를 부여할 수 있어야 그 일에 몰입할 수 있다고 한다. 그러려면 우선 되어야 하는 것은 내가 내 삶의 주인공이 되는 것이다.

〈내 인생은 내가 감독합니다〉는 한때 내 블로그 대문 이름이었다. 내가 주체가 된 삶을 살아가겠다고 다짐했다. 태어나서 딱 한 번 주어지는 인생을 스스로 계획하고 만들어 나가기로 했다. 내가 감독이 되어 '나'를 인생의 주인공으로 놓았다. '나'라는 주인공을 매우 아낀다면, 주인공을 따분하고 똑같은 일상으로만 살게 두지는 않을 것이다. 딱 한 번 사는 인생이다. 가만히 있어도 시간은 간다. 누구에게나 똑같이 주어진 시간을 '나'라는 주인공에게 더 다양한 경험을 하게 만들고 성장하는 즐거움을 느끼게 하며 점점 멋진 모습으로 만들어 주고 싶다. 현재 삶에서 어떤 울타리 안에 갇혀 있는 건 아닌지 생각해 본다. 내가 만들어 놓은 울타리 한계 너머 분명 더 새롭고 멋진 일이 있을 것이라고 생각한다. 내 삶의 CEO도, 감독도 모두 나다.

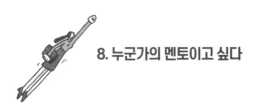

8. 누군가의 멘토이고 싶다

멘토(mentor)의 사전적 의미는 '경험 있고 믿을 수 있는 조언자'이다. 나의 멘토는 누구일까. 상황에 따라 나이에 따라 나의 멘토는 바뀌었다. 유명인도 있었고 가까운 사람이 멘토일 때도 있었다. 나를 이끌어 주고 밀어주며 좋은 방향으로 힘을 내도록 도와주는 이는 모두 내 멘토가 되었다.

일과 육아, 두 마리 토끼를 모두 잡는다는 건 힘든 일이다. 하지만 세상에는 일과 육아 사이에서 성공한 여성들이 많다. 일도 성공하고 육아도 잘했던 그들의 비결이 궁금했다. 그 중 힐러리 클린턴은 임신 중에도 임신 전과 마찬가지로 일찍 출근하고 늦게 퇴근하며 최고의 업무 능력을 발휘했다고 한다. 그녀는 여성의 역할과 영향력을 강조하는 많은 발언을 해 왔다.

"No one can make me feel small without my permission."

아무도 나를 작게 만들 수 없다는 힐러리 클린턴의 명언이다. 어떤 상황에서든 나 자신을 제일 소중하게 생각해야 한다는 뜻이다. 임신과 출산으로 '아이'와 '남편'에게 기대고 싶은 마음도 있었다. 이참에 내 두 어깨를 짓누르는 사업에 대한 부담감을 내려놓으면 어떨지 생각해 봤다. 하지만 그건 단지 현실에 안주하려는 핑계였다. 임신 중 입덧 때문에 고생했지만, 몸이 조금 불편할 뿐이었다. 몸이 약간 불편하다고 일을 그만둘 정도의 이유는 되지 못했다. 출산 후, 밤새 울어대는 아기 때문에 잠을 2~3시간 겨우 잘 수 있었다. 손과 발이 퉁퉁 부었다. 종일 잠이 쏟아졌다. 마치 잠 못 자는 고문을 받는 느낌이었지만 회사를 나가면 그런대로 일을 할 수 있었다. 꾸벅꾸벅 졸면서도 일 처리는 가능했다. 게다가 낮에 아기를 돌봐줄 친정 엄마가 있는데, 내가 사업을 접을 정도의 이유는 될 수 없었다. 아내가 되고 엄마가 되는 건 정말 위대한 일이다. 그러나 내 일을 멈추고 싶지는 않았다. 나도 힐러리처럼 멋진 여성으로 성공하고 싶었다. 아니 성공보다는 멋지게 살아나가는 자세와 태도를 배우고 싶었다. 내가 할 수 있는 작은 것부터 했다. 임신 중에도 같은 시간에 출근하고 퇴근했다. 양수가 터지는 날까지 일하다가 출산했다. 아이가 열이 나고 아플 때마다 어린이집이나 친정 엄마에게 맡겨 두고 출근한 날이면 종일 마음이 불편했다. 일이 손에 잘 안 잡혔지만 그래도 일은 해나가야만 했다. 그렇게 하루하루가 지나갔다. 누군가의 아내가 되고 엄마가 되었지만, 나 자신도 계속 성장하길 원했다. 수많은 걸림돌과 답답함과 좌절이 있었다. 막다른 골목 같았지만 길은 있었다. 순간에 무너져 내릴 것 같은 고비를 넘기면서 지금까지 왔다. 가장 중요한 건 내 의지라고 생각한다.

엄마가 되는 여성들이 자신의 목표와 성장하는 삶을 내려놓지 않으면 좋겠다. 내가 사회의 일원으로서 일할 수 있다는 건 가치 있는 일이다. 미리 포기하지 않으면 좋겠다. 만약 환경이 도와주지 않는 상황이라면, 꿈을 조금은 미루어도 나 자신을 첫 번째로 생각하면 좋겠다. 나를 중심에 세워 놓고 다음 일을 생각하는 거다. 건강한 내가 있어야 건강한 가정을 만들 수 있다. 꿈을 향해 노력하는 나만이 내 삶을 멋지게 만들 수 있다.

무역으로 회사를 키웠던 '이 대표님'은 내 눈엔 고생 한번 해 본 적 없는 성공한 여성 CEO로 보였지만 과거에 힘든 일들이 많았다며 자신의 일화를 들려주었다.

"거래처와 미팅해야 하는데, 당시 제 손에는 5,000원밖에 없었어요. 그래도 커피는 내가 사야겠다고 생각했죠. 차비가 없어서 약속 장소까지 한 시간을 걸었어요. 그리고 커피는 당당하게 제가 샀어요." 이 대표님은 상대에게 자신감 있는 모습만 보여 주었다. 만약 내가 수중에 돈이 없다면 스스로 위축될 것 같았다. 하지만 이 대표는 상대를 설득하는 자신감과 배짱이 있었다. 내가 어떤 상황에 맞닥뜨리든 목표가 명확하고 내 의지와 열정만 있다면 뭐든 가능하다는 중요한 가르침을 얻었다. 이 대표

오늘도 엄마 CEO는 인생 돌파 중

는 중요한 약속이 있다면 전날에 미리 약속 장소에 가 본다고 했다. 만나는 장소가 어떤 분위기이고 어떻게 주문하는지 등 미리 경험하면 그 장소가 익숙해지고 본인의 마음도 편해질 수 있기 때문이다. 오로지 상대와의 대화에만 집중하며 분위기를 이끌어 갈 수 있게 된다. 자기 일에 대한 열정이 있었고 철저한 준비 과정이 있었다. 겉으로는 멋진 여성 CEO로만 보였지만 그 이면에는 엄청난 노력이 있었다.

능력이 타고 났거나 배경이 좋아서 성공하는 게 아니었다. 목표를 세우고 집중하고 노력했다. 다른 이의 단편적인 성공만 보고 나와 비교하면 안 된다. 사람마다 처한 환경이 다르고 속도와 과정도 모두 다르다. 중요한 것은 기본적인 마음가짐과 태도이다. 열정과 노력을 갖추면 누구든지 자신의 목표를 향해 나아갈 수 있다.

내 학창 시절의 멘토는 외삼촌이었다. 늘 바쁘게 살고 하루에도 많은 일을 해내는 게 대단해 보였다. 외삼촌은 나를 볼 때마다 인생에 도움이 되는 여러 이야기를 해 주었다.

"삼촌은 어떻게 그렇게 많은 일을 다 하세요?"

"나는 '분' 단위로 살아. 그럼 여러 가지 일을 할 수 있지."

지금은 '분초 사회'라는 말이 시대를 대표하는 용어가 되었지만, 20년 전 삼촌의 한마디는 놀라웠다. 나도 계획을 세울 때 분 단위로 생각하려 애썼다. 하루를 24시간이 아니라 1,440분으로 생각하니 하루에 할 수 있는 일의 양이 훨씬 많아졌다. 지금도 마찬가지다. 미혼일 때보다 결혼 후에 살림하느라 더 바빴고, 신혼 때보다 출산 후 아이에게 써야 하는 시간이 더 늘어났다. 그러나 나 하나만 신경 쓰면 되었던 20대 미혼일 때보다, 지금 해 나가는 일이 훨씬 많다. 다양한 일을 할 수 있는 건 시간을 쪼갰기 때문에 가능했다. 아이가 일어나기 전 아침 한두 시간에 할 수 있는 일이 많다. 글도 썼고 영어 훈련도 했다. 매일 한두 시간이 쌓여서 제2의 직업을 얻었고 인생에 큰 변화가 찾아왔다. 하루 24시간, 1,440분은 길다. 시간을 쪼개면 내가 할 수 있는 일은 엄청나게 늘어날 수 있다. 내가 뭘 하든 안 하든 시간은 흐른다. 누구에게나 똑같이 주어지는 이 시간을 다른 이들도 더 알차게 쓰면 좋겠다. 우리는 생각보다 할 수 있는 게 많다. 생각보다 우리는 성장할 수 있는 시간이 많다.

어느 한 사람만이 내 멘토는 아니었다. 내 곁을 지나간 수많은 사람이 내 멘토가 되었다. 꼭 유명인이나 성공한 사람에게서만 배울 수 있는 건 아니었다. 나보다 반 발짝 앞서 나간 사람에게서도 배울 점이 많았다. 오히려 상황이 비슷해서 더 공감되고 나에게 적용하기 쉬웠다. 좋은 점을 따라 해 보고 내 스타일대로 적용하면서 나만의 노하우가 생겼고 삶에 조금씩 변화가 생겼다.

나도 배우고 알게 된 것을 나만의 방법으로 누군가에게 나누어 주고 싶다. 나는 평범한 여성이며 20대 후반부터 40대 초반이 된 지금까지 13

년째 사업을 운영하고 있다. 육아와 일 두 마리 토끼를 모두 잡고 있다. 자기 계발에 애쓰며 또 다른 새로운 삶을 만들어 가고 있다. 틈틈이 '노는 시간'도 챙겨 간다. 무수히 많은 고비를 지나왔다. 나와 비슷한 상황의 누군가에게 도움이 되고 싶다. 비슷한 경험을 한 사람으로서, 반 발짝 먼저 내디딘 사람으로서 길잡이가 되어 주고 싶다. 분명 치열한 노력이 필요하다. 그러나 힘든 시련 속에서도 즐거움을 만들어나갈 수 있다. 생각과 태도의 조그만 변화가 삶에 큰 변화를 가져올 수 있다. 우리는 모두 능력이 있고 해 나갈 수 있다고 말해 주고 싶다. 우리는 행복할 권리가 있다. 오직 나만이 찾을 수 있는 내 권리다. 누군가를 위해 희생하는 마음보다는 나 자신을 제일 아끼는 우리가 되면 좋겠다.

나는 오늘도 책을 읽고 글을 쓴다. 건강을 위해 틈틈이 운동하며 배우고 싶은 새로운 것을 찾아 배운다. 더 나은 내가 되기 위해 즐겁게 내 시간을 쓰고 있다. 내적 외적으로 더 멋진 나를 만들어나가는 중이다. 별문제 없이 살아가면 나는 더 성장하고 발전할 수 없다. 내가 의도하여 변화를 주고 달라져야 한다. 내 이야기가 단 한 사람에게라도 도움이 되면 좋겠다. 그리고 멋지고 건강한 행복을 누리면 좋겠다.

워킹맘 돌파 준비 5단계!

: 내가 내 인생의 감독이 되어라

1. 삶의 파이를 다양하게 채워 본다.

2. 가족과 함께 같은 속도와 올바른 방향으로 성장한다.

3. 내가 나에게 주는 상도 특별하다.

4. 내 인생에 '한계'라는 단어를 지우고 꿈을 꾼다.

5. 내가 의도하여 변화를 주고 달라져야 한다.

나는 끊임없이 꿈꾸는 _____ 이다/다.

1. 나는 _____을 꿈꾼다.

2. 나는 _____을 꿈꾼다.

3. 나는 _____을 꿈꾼다.

마치는 글

"엄마, 캠핑 가고 싶어."

우리 가족이 모두 좋아하는 캠핑이다. 한 달에 한 번씩은 주말에 캠핑하러 간다. 캠핑 가면 '안 돼, 뛰지 마, 위험해.'라고 말할 일이 거의 없다. 아이들은 눈치 안 보고 마음껏 뛰놀 수 있어서 자꾸 캠핑 가자고 한다. 캠핑은 내게도 힐링의 시간이다. 팍팍한 일상에서 벗어나 자연 속에서 가족끼리 여유롭게 보낼 수 있는 시간이 소중하다. 아이들과 축구 시합하고 캐치볼 할 때나 불멍을 하며 남편과 맥주 한잔할 때도 온라인 쇼핑몰의 문은 늘 열려 있다. 내가 뭘 하든 고객 주문은 들어온다. 셔터 안올려도 매출은 생긴다. 온라인 쇼핑몰의 최대 장점이다. 내가 처음에 온라인 쇼핑몰을 시작한 이유이기도 하다. 시간과 돈으로부터 자유로운 삶을 살고 싶었다. 물론 사업 초반에는 회사에서 종일 일해도 주문이 별로 없었다. 일하는 시간과 매출액이 꼭 비례하지는 않았다. 노력한 만큼의 성과가 없는 시간은 가혹했고 견디기 힘들었다. 사업 시작한 지 13년 후인 지금은 내가 쉬고 있거나 놀고 있어도 누군가는 내 제품을 구매해 주고 있다. 화장품의 비수기인 여름, 매출이 줄면서 걱정이 시작될 즈음 일본에서 발주가 들어온다. 국내외 양쪽에서 매출이 생기니 불안한 상황도 줄어들었다. 사업 시작할 때 꿈꾸던 삶의 모습을 완벽히는 아니더라도 어느 정도는 만들어 놓았다. 그리고 나는 여전히 더 나은 내가 되기 위해 계속 노력하고 있다.

"10년 전을 생각해 보았을 때, 현재 당신은 10년 전의 모습 그대로인가?"

『퓨처 셀프』책에서는 사람들은 자신의 현재 모습이 10년 전과 많이 달라졌다는 걸 알게 됐으면서도 앞으로 10년 동안은 자신이 조금만 달라질 거로 생각하는 경향이 있다고 했다. 그 원인은 '기억은 쉽고, 상상은 어렵기 때문'이라는 것이다. 이 부분을 읽으면서 나는 '유레카'를 외쳤다. 10년 전과 비교하면 나는 많은 게 바뀌었다. 결혼했고 아이가 둘이 생겼으며, 회사도 더 성장했다. 영어 소리 코치라는 두 번째 직업이 생겼고, 책을 읽고 글을 쓴다. 게다가 아침형 인간이 되었다. 10년 전에는 미처 생각하지 못했던 내 모습이다. 현재 모습 중 어떤 부분은 10년 전의 내가 생각하기에 비현실적인 것도 있다.

'나는 10년 후에는 어떤 모습일까?'

지금까지 막연히 꿈꾸던 미래 내 모습의 판을 좀 더 키워도 되겠다는 생각이 들었다. 지금으로부터 약 1년 전인 2022년 12월, 같은 날에 작가님 두 분에게 책 사인을 받았다. 그때까지도 내가 책을 쓰게 되리라고는 전혀 상상도 못 했다. 불과 1년 후의 모습도 상상 이상이다. 10년 후의 모습은 10배 이상일 수 있지 않을까? 그래서 나는 계속 노력한다. 내가 할 수 있는 건 내가 지금 생각하는 것보다 더 많을 수 있다고 믿으며 매일 한 걸음씩 나아가 보려고 한다.

　가다 보면 장애물은 많다. 어디에나 방해꾼이 있다. 힘들고 지쳐 그만두고 싶은 생각이 들 때도 있다. 요즘 나는 매주 주말 아침에 공원에 나가 달린다. 마라톤 10km를 나가겠다고 목표를 세우면서 시작된 달리기였지만, 막상 뛰어보니 너무 좋았다. 3km부터 시작하여 5km, 6km 조금씩 목표 거리를 늘리면서 달렸다. 쉬운 달리기는 없다. 달릴 때마다 숨이 턱까지 차오르고 다리가 아파서 멈추고 싶은 생각이 들었다. 그럴 때마다 힘들다는 머릿속 생각보다는 두 다리에 집중했다.
　'다리를 들어 올려 뒤꿈치를 엉덩이 쪽으로 당긴 다음 앞으로 착지.'
　다리 움직이는 순서를 중얼거리면서 한 발씩 내디뎠다. 그러다 보면 어느새 멈추지 않고 뛰고 있는 내 모습을 발견했다. 잠깐씩 걸으면서 숨 고르기를 하고 다시 뛰기도 했다.
　'고비가 올 때는 달리기할 때처럼 잠시 쉬면서 다시 한 걸음 내디디면 되지 않을까?'

머릿속에 온갖 복잡한 생각이 떠올라 마음이 힘들어지려 할 때는, 달릴 때처럼 생각보다는 행동에 집중하면 된다.

하루는, 내 앞에서 달리고 있는 두 사람이 보였다. 뛰면서 고민했다.

'지금 페이스로 뛸까, 아니면 저 사람들을 제쳐 볼까?'

속도를 올리면 내 앞에 있는 사람을 제칠 수 있을 것 같았다. 약간의 무리함이 필요했다. 그러면 결국 얼마 못 가고 지쳐서 달리기를 멈출 수 있다. 내 목표는 내 바로 앞에서 뛰고 있는 사람이 아니다. 어쩌면 그 사람보다 내 목표가 더 높을 수 있다. 나는 더 멀리, 높이 간다. 갈 길이 멀다. 그래서 순간의 경쟁이나 고비에 쉽게 꺾이지 않는다. 포기하지 않고 계속 나아갈 것이다. 오늘 하루도 살아 낸다. 좋은 엄마로서, 멋진 CEO로서, 미래를 준비하는 현재의 나로서.